好老师学《论语》

走向生命觉醒

辛意云　王文静　　主编

HAOLAOSHI XUE LUNYU
ZOUXIANG SHENGMING JUEXING

GUANGXI NORMAL UNIVERSITY PRESS
广西师范大学出版社
·桂林·

图书在版编目（CIP）数据

好老师学《论语》：走向生命觉醒 / 辛意云，王文静
主编. -- 桂林：广西师范大学出版社，2022.12（2023.7 重印）
ISBN 978-7-5598-5649-4

Ⅰ．①好⋯ Ⅱ．①辛⋯ ②王⋯ Ⅲ．①儒家②《论语》—
通俗读物 Ⅳ．①B222.2-49

中国版本图书馆 CIP 数据核字（2022）第 220888 号

广西师范大学出版社出版发行

（广西桂林市五里店路 9 号　邮政编码：541004）
网址：http://www.bbtpress.com
出版人：黄轩庄
全国新华书店经销
广西民族印刷包装集团有限公司印刷
（南宁市高新区高新三路 1 号　邮政编码：530007）
开本：880 mm ×1 240 mm　1/32
印张：9.5　　字数：210 千
2022 年 12 月第 1 版　　2023 年 7 月第 2 次印刷
定价：58.00 元

如发现印装质量问题，影响阅读，请与出版社发行部门联系调换。

编委会名单

主　编　辛意云　王文静

编　委　（按姓氏音序排列）

崔　欣　董　浩　杜　霞　范　群　方仁艳

冯艳霞　郝敬宏　郝立鹏　侯保成　蒋守玲

李德政　李洪义　李俊芳　李　宁　李　欣

梁　英　林建东　林世峰　刘晓玲　吕文倩

马文科　谭　英　王　恕　王文静　王向红

王晓红　王晓霞　王志慧　夏　红　肖利辉

肖　敏　谢秋葵　辛意云　鄢秀惠　闫文钰

杨　雯　曾榕清　曾　爽　张翠平　张丹敏

张久霞　张晓慧　张秀凤　张亚辉　赵承红

赵亚涛　赵祎瀛　周文梅　朱　萍　庄妃妹

编辑部　北京师范大学中华文化教育研究院

　　　　教育部师德师风建设基地（北京师范大学）

主　任　张翠平

序

近年来，一股全民参与的完善中华传统文化教育，传承发展中华传统文化的大潮，正席卷而来。其中，普及对《论语》的学习，提倡读《论语》，是一件重要的大事。中华文化，中心内容是讲做人的道理。传统文化教育的中心是学做人，立德树人。而学做人的首选经典是《论语》。用一句话来表示，就是"读《论语》，学做人"。这六个字反映了传承传统文化和传统文化教育的中心内容和必经途径。

首先要提倡读经典。目前，传承传统文化的活动，大体上是以讲座的形式为主，这种形式发挥了很好的作用。发展到今天，需要进一步提高，逐步转向以读经典为主。

读和听是不同的。听，是被动的。听的过程，听者的思维只能跟着讲者走，没有充分思考的时间。听到的内容，又是经过讲演者咀嚼消化后得出的结论性的意见，无法了解讲演人怎样得出这些的思考过程。这样被动接受的结论性的知识，难以真正成为自己的认识。而且，听对经典的了解是间接的，直接听到的是讲演者对经典的解释。而没有哪一位讲演者能说，他所讲的一定完全符合经典的原意。而且，不同的人有不同的理解，听了这些不同的意见，该如何判别其正误呢？自己不读经典，没有判断的标准，结果会是听得愈多愈糊涂。

所以，为了更准确、更深入了解传统文化，要提倡读经典，逐步从以听为主过渡到以读为主上来。这个"读"，不只是诵读、背诵或吟诵。古代经典中许多字、词，现代不再用了，或者有了不同的字义；书中涉及的人名、地名、名物典故，是我们不了解的。只是朗读背诵经典原文，不能正确了解这些，就无法读懂经典的文字，更说不上理解其义理。所以这里说的"读"，是要逐字逐句地读经典原文，边读，边思考。从认识字词，明白文义，到了解所说实际内容，领悟义理，以至触类旁通，用于自身。由浅入深，每一步都要经过自己的学习思考。这样读是直接面对经典，直接与经典对话，得来的对经典的了解，是真实可靠的，是真正自己的认识，经典的思想就真正成为自己的了。

读经典，从读《论语》开始。《论语》记载孔子与弟子的对答和他们的日常言行，是儒学最重要的经典，也是我们了解孔子和儒家思想的最重要的一本书。在两千多年的历史发展中，《论语》的思想为后人所继承，对中国人、中华民族有极深远的影响。《论语》所提出的思想，为中国人的人生指出了方向、道路。它指引无数志士仁人、英雄豪杰成为中华民族的脊梁，支撑了民族的发展；它塑造了中国人的生活方式、精神品格，凝结成中华民族的民族精神，演绎了我们民族两千多年的历史。我们说文化是民族的魂，可以说《论语》的思想就是我们民族的魂。正因为如此，先父钱宾四先生说："今天的中国读书人，应负两大责任。一是自己读《论语》，一是劝人读《论语》。"

北京师范大学中华文化教育研究院为方便广大中小学教师学习

《论语》，从《论语》中摘选有关修身、治学、为政的72章，请辛意云教授做简要通俗的讲解，作为音频课程，并将讲稿整理，由广西师范大学出版社以"好老师学《论语》——走向生命觉醒"为书名出版。这是适应提倡读经典的时代需要的一件好事。

辛教授采取逐字逐句讲解的方式，对《论语》本文，分章做解释。先讲字、词含义，然后解各句文义，每章之末再就全章大意作串讲。从字词到文辞，再到全篇文义，层层递进，完全依循阅读古代文化典籍的规律。讲解内容准确简明，文字通俗易懂。相信不仅可以帮助读者较好地理解《论语》原文，而且可以对读者在读经典的方法方面有所启发。可惜的是一部《论语》只选了72章，相对于全书498章来说，少了些，难以全面反映《论语》的基本思想。如果能有一本以这样的方式解读《论语》全文的著作，就更好了。

对于《论语》思想的解读，辛教授在对第一章"学"字的解释中就提出"学者觉也"，"'觉'指的是自觉，也就是自我生命的觉醒，那是人对自我生命的再认识和反省"。"'仁'的核心就是'觉'——人的自我生命的觉醒。人的自我生命的觉醒，也就成为孔子对人的界定"。这一关于人的生命觉醒的思想，是贯穿全书的中心思想。

生命觉醒，也就是人怎样认识自身的问题，即"我是谁？"的问题，是人的认识中第一个最基本的问题。对这个问题人们有各种不同的回答。

中国文化对这个问题的认识，是以明人禽之辨，认识人的本质为基础的。孟子说："人之所以异于禽兽者几希，庶民去之，君子存之。"他强调人与禽兽的区别，认为只有把人与禽兽区别开的那些属性，即人之所以为人的那些特征才是人性。人的物质生活、物质生命，与禽兽没有根本的区别。人之所以为人，人之所以高于禽兽，在于人之有义，也就是有精神生命。生命的意义是精神生命所赋予的。懂得了人之所以为人的本质，懂得了做人的道理，有了人生的理想信念，人的生活才有灵魂，生命才有意义；也才能摆脱禽兽的境界，从生物学意义的人提升为真正意义上的人。所以说，"朝闻道，夕死可矣"（《里仁》），懂得了为人之道，人的生命就有了意义，即使短命死去，也是值得的，可以瞑目，可以无憾。在本书中，辛教授用"生命的两个层次"说明这个问题。说第一个层次"我们就是被生物'自存冲动'拖着活"，只有第二个层次，"超脱出生物本能的控制""脱开事物本能的局限""跨出了生物性、动物性，人不再受生物性、动物性的局限"，才有了"自己的生命，所谓'真实的生命''自由的生命'的开始"。

所以，中国文化讲的觉，是人的觉醒，道的觉醒；是对人禽之辨的觉醒，对人的本质认识的觉醒，是对怎样才是一个真正意义上的人，怎样才能使自己成为一个真正意义上的人的觉醒。

辛教授的解读，也融入了西方思想的元素，引用和介绍了西方人本心理学的一些观点。可以看到，中西方文化在这个问题上的思想，有同亦有异。双方都肯定人有一个觉醒的过程，是其同。而对"觉"的理解，则有异。中国文化讲人的觉醒，讲的是怎样认识人的本质和生命的意义，怎样能够成为一个真正的人或者说是摆脱了禽兽境地的人。西方讲生命觉醒，主要指"自我"，自我认识，自我觉醒，以至自我建立，自我开展，自我完成。或者说，对于"我是谁？"这个问题，中国文化是把人作为主体来思考，实际上是问"人是什么？"；西方文化则是从个体的我来理解"我"，突出了"自我"的觉醒。

中国文化也不是完全不讲自我。《论语》"古之学者为己，今之学者为人""为仁由己，而由人乎哉?""君子求诸己"，都是立足于己。对仁道的追求，对生命觉醒的追求，是出于每一个人的自觉要求。这种觉醒的实现和达成，靠的是每一个人自我的努力。每一个人都要从自己做起。正如辛教授所说："钱穆宾四先生说，行仁道当由己，不由人。如同克己，也是由己克之。复礼，亦由己复之，不由人也，一切都全从自己去做。这也就是说，生命自觉并想走向圆满全凭自己的实践。在这个意义上，生命自觉是自我的觉醒。"

所以，生命觉醒有两个方面。从生命觉醒的实质内容说，它是对人的觉醒，对道的觉醒。从它的实现途径和基础说，它是自我的觉醒。对人的觉醒通过个人的自觉努力而达到。也可以说生命觉醒是自我的觉醒，而这种觉醒的实质和目标则是对人的本质和怎样成为一个真正的人的觉醒。《论语》对这两个方面都有许多讲述。既讲了怎样才是一个真正意义上的人，也讲了怎样才能使自己成为这样的人。《论语》是我们提升生命自觉，学会做人的最好的教材。

辛意云教授曾在台北素书楼听课多年，热衷于中华文化的研究和推广。我与辛教授相识二十余年，一直共同为在两岸普及推广中华传统文化努力。多年来听过他许多讲座，获益良多。这次他主编的这部书出版，邀我为他作序。欣然奉命，写下读后感想，权以为序。

钱逊

2018 年 11 月 30 日

前　言

　　党的二十大报告指出："我们必须坚定历史自信、文化自信，坚持古为今用、推陈出新，把马克思主义思想精髓同中华优秀传统文化精华贯通起来。"2022年10月28日，习近平总书记在考察安阳市西北郊的殷墟遗址时，深刻强调："中华优秀传统文化是我们党创新理论的'根'，我们推进马克思主义中国化时代化的根本途径是'两个结合'。"2014年9月9日，习近平总书记在北京师范大学发表《做党和人民满意的好老师》重要讲话，号召广大教师要做"有理想信念、有道德情操、有扎实学识、有仁爱之心"的"四有"好老师，并特别指出，"教师的工作是塑造灵魂、塑造生命、塑造人的工作"，"师德是深厚的知识修养和文化品位的体现。师德需要教育培养，更需要老师自我修养"。

　　中华优秀传统文化是培育新时代"四有"好老师的重要理论与实践根基，中华经典是中华优秀传统文化的精华，是教师自我修养的宝藏。钱穆先生曾说："中国文化之最重要、最特殊处乃在其能着重学做人，在其能看出人的理想和境界可日新月异地上进。"中华经典记录的是复杂的人和事，其中的深度和广度在于为人的现实人生寻求最适当、最广阔的生命位置，即一个人的安身立命之道，一个人的道德心性修养和高尚的人格追求。中华经典的学习不是在"文义上穿求",而是要在最要处用功,即心上用功,才能真正开启教师的生命动力。正如习近平总书记所讲:"'身之主宰便是心';'不能胜寸心,安能胜苍穹'。'本'在人心,内心净化、志向高远便力量无穷。"

为落实习近平总书记的重要讲话精神,2020年9月,教育部印发《中小学教师培训课程指导标准(师德修养)》(以下简称《师德修养培训标准》)。在《师德修养培训标准》研修主题9中,把《论语》《传习录》《道德经》等中华文化经典列为教师自我修养的重要资源。并在研修主题15中,从"自我省察"(倾听内心声音)、"反思改过"(清除内心障碍)、"正向认知"(提升内在心力)三个维度,以中华文化经典为镜子,将圣贤智慧与工作、学习生活实际结合起来,从而实现内心境界日新,构建了教师自我修养简明而有效的路径。

遵照教育部《师德修养培训标准》,我们倾听一线教师的实践诉求,遵循师德养成的规律,以"传承师道,立德树人"为宗旨,以培育新时代"四有"好老师为目标指向,以"中华文化涵养师德"为路径,以"读原典,悟原理;向内看,向前走;明大道,立师德"为师德内化涵养机制,开创了一系列教师研修新模式。自2017年至今,开办了39期"京师好老师生命成长营"和10期百日《论语》线上学习班,这一研修模式于2020年11月获评教育部"国培计划"十周年优秀培训实践案例。百日《论语》线上学习班中,我们选取《论语》中与教师生命成长和教育教学密切相关的72章为内容,并邀请钱穆先生弟子、当代国学大家、台北艺术大学教授辛意云先生解读,通过微信这一简单易行的社群型媒体,引领带动学员老师们参与每日学习与分享、每周轮值写家书、轮值点评分享等活动，引领教师在线上-线下相结合的研修中坚守教育初心，将古圣先贤的自我修养之道内化于心，外化于行，在自我反省与和谐关系中获得幸福体验和生命成长。

本书上篇"《论语》72章导读"，就是根据辛先生的讲解整理的《论语》72章讲稿。辛先生高屋建瓴、深厚通透的解读，温润、滋养了一批又一批的学员老师，陪伴他们走过了一百天的学习，带动他们基于生命的高度自觉，在内心深处"明道立德"，在每时每刻"省察改过"，在教育教学中"体验提升"，在日常生活中"学思践悟"，将中华经典的智慧落实、落小、落细，知行合一。

"千年《论语》，时代新篇，《论语》的新生命是老师们给的！"这是辛意云先生2018年在北京师范大学辅仁校区与来自全国各地的优秀老师们分享《论语》心得时的讲话，如今这一讲话精神展现在本书的编写中。本书下篇精选来自全国的学员老师们在学习《论语》过程中撰写的36篇优秀家书，是北京师范大学百日《论语》线上学习班的系列学习成果，也是来自全国各地中小学、幼儿园的学员老师们一起用心聆听《论语》、撰写《论语》家书的自我修养记录。家书按照"爱岗敬业尽责""关爱学生成长""和谐家人关系""倾听内心声音"等四个维度进行整理分类，特别邀请央视主播和一线老师们倾情播读，并在"学习强国"学习平台的"电台-京师好老师家书"栏目播出，在广大教师和听众中产生了广泛深远的反响。相信广大读者们在倾听一封封情真意切的家书的过程中，能感受到一个个感人肺腑、引人深思的生命成长故事，在别人的故事里思考自己的人生，在好老师家书的浸润中涵养品德。《论语》赋予我们每个人生命成长的原动力，我们给予《论语》以代代相传的新生命。

本书在筹划初期特别邀请清华大学钱逊教授作序，钱教授以其父钱穆先生"今天的中国读书人，应负两大责任。一是自己读《论语》，一是劝人读《论语》"的教诲为使命，晚年对于《论语》的讲读与劝学更是殚精竭虑、鞠躬尽瘁，是我们永远的榜样。钱教授对本书出版的前期工作给予了指导，只是本书的出版再无缘面呈先生，特别是后期对书稿的调整，也没有机会再能向先生汇报与请示，甚为遗憾。

本书的出版是来自全国各地的优秀教师们在中华圣典《论语》的智慧滋养下，在辛意云先生的生命觉醒呼唤中不断自我修养的生命成长见证和智慧展现。希望我们真诚的努力能够带动千千万万中小学、幼儿园老师学习《论语》、体悟《论语》、践行《论语》，"志于道，据于德，依于仁，游于艺"，做新时代党和人民满意的"四有"好老师！

本书在编撰和出版的过程中，得到了北京师范大学党委书记、中国教育与社会发展研究院院长、教育部师德师风建设基地（北京师范大学）主任程建平教授，中国教育与社会发展研究院执行院长宋珊萍教授，中国教育与社会发展研究院（国家高端智库）管理办公室李文主任等领导的指导与支持！得到了广西师范大学出版社黄轩庄书记、社科分社学术编辑室主任张洁、责任编辑倪小捷的大力支持！教育部师德师风建设基地（北京师范大学）和北京师范大学中华文化教育研究院还专门成立了编辑部承担本书的编辑工作，在此，谨向各位领导和编辑部老师致以诚挚的感谢！

北京师范大学中华文化教育研究院

教育部师德师风建设基地（北京师范大学）

2022年11月7日

目　录

上篇　《论语》72章导读

下篇　好老师在成长

爱岗敬业尽责

关爱学生成长

和谐家人关系

倾听内心声音

上篇　《论语》72章导读

《论语》是世界的一部圣典，更是中国的一部最重要的圣典。

在人类的历史上，至今仍具有影响力、并且展现出鲜活的生命力的古文化只有三大文化，《论语》同时也影响着世界的三大学术及文化的继续发展。

亦如今天我们所熟悉的自然科学的系统，而这个系统就是来自古希腊的自然哲学的大文化系统，一切以物质的本质和物质材料来作为知识研究的主题；第二个大系统就是专门研究造物者，那个专门创造事物的创造者，探寻世界被创造的意义；第三，就是以人为知识真理的主体，它的知识、学术围绕着人，围绕着生命并以之为中心。

也就是说，世界的文明创造，不论是科学，还是神学，都是因人而产生的。如果没有了人，太阳就只是太阳，月亮就只是月亮，整个的客观宇宙只是一个客观宇宙。这一切只是客观的存在而已。可是因为有了人，人研究宇宙，人研究太阳，人研究月亮，乃至一切自然中的能量和客观存在的事物，于是有科学，有科技。同时人进一步地问，这一切怎么会存在的呢？于是有了各种带着宗教性知识的产生。而这一切都是因为有人而开展出来的。

因为人，科学发展了，科技进步了，同时文明也在不断地演化。我们可以这么说，因为有了人，世界才有了文化，有了知识，有了学术，有了文学，有了艺术，有了文明等，也就是说因人而有了世界。而以人来作为知识、作为真理、作为学术的主体的民族却只有中国一个。

现代哲学人类学奠基人马克斯·舍勒说我们不能够再忽略人了，西方学术传统中缺乏对人的研究。我们今天知道，没有人就什么都没有。

在中国建立起人学的是孔子。因为孔子确立了什么是人的学术路径，确立了学术的议题，并给了人基本的界定。许多人到今天，仍然认为人只是一种动物，他们称之为"裸猿"。可是在两千五百年前甚至三千年前，传统中国对人的认识就已经跨越出动物的领域。

在西周早期，从《诗经》就可以读到，人因为"敬"，就能懂得整个天地自然生生不息的天德。这个"敬"就是心神聚会，心神凝聚和专一，而这也就是跨越出动物依本能生活生存的领域，而有了更高层次的展现。这也就是说，人的生命虽然仍然植根在动物生存的层面上，但是人已经跨越出动物只依赖着生存本能的需要而求生存、生活的这一份满足。

人有了更高心智的成长。人在这一成长中，发展出超越生物性的属性。

传统中国讲人性，基本上是以这个属性为主，而这个属性中，有大量的精神要求。如同西方人本心理学家所说的，人的属性是指在动物性本能的满足之后，人还需要尊严，还需要爱和归属，还需要自我实现、自我完成。这样人的属性也就不再只是动物本能的满足了。如果没有这一份精神性心智的满足，人是无法健康地生活下去的。这就如同孟子所说的，"人异于禽兽者几希"，人不同于禽兽的关键其实非常细微，可是正因为这个关键，人开展了不同于禽兽的生命面貌。孟子的这一说法不是凭空的，而是依据孔子的学说而来。

　　孔子以"仁"作为人性的代表，而"仁"的核心就是"觉"——人的自我生命的觉醒。人的自我生命的觉醒，也就成为孔子对人的界定，以西方的学术观点来说，就是对人下了一个明确而清楚的定义。

《学而篇第一》1.1

子曰："学而时习之，不亦说乎？有朋自远方来，
不亦乐乎？人不知而不愠，不亦君子乎？"

　　《论语》以《学而篇》开头，就是因为"学而时习之"的"学"字作"觉"字讲。远从战国以至于汉，"学者，觉也，效也"。"觉"指的是自觉，也就是自我生命的觉醒，那是人对自我生命的再认识和反省。"效者，行也"，也就是实践、实行。换言之，当人有所觉醒，人自然地带出了一个在觉醒后的实践力量。这有点像王阳明所说的"即知即行"，当人有所觉就会有所行有所实践。人在自身生命拓展的时候，当有所觉有所行，人的生命力量就开展了。这也是属于人的一种自然的生命反应。

　　"学而时习之"的"而"是然后，作时间副词。"时"是时时刻刻，随时随地。"习"字，朱子解释说，"鸟，数飞也"，这是以鸟的一种形象来造的字。"数"是常常、不断。当小鸟在巢里逐渐长大，羽毛逐渐丰满后，小鸟就会自然地伸展开翅膀，不断"扑棱扑棱"地扇着，如此锻炼自己翅膀的能力，练习飞行，而后就试着一次一次地飞出去，最后也就进入到天空，去开展出它的生命了。这种一次一次的锻炼，一次一次增加自己的能力，就是"鸟数飞"的意思，也是鸟不断练习飞翔的形象。我们简单地说，"鸟数飞"，就是鸟做出反复练习飞行的样子。请大家注意的是，在《说文解字》的字形结构上说，"习，从羽从白"。这是说，"习"是以鸟的羽毛、

翅膀作为基本意思。"白"指的是阳光，指的是日，它代表着天空。这就是说鸟在不断地拓展着自己的生命力飞向天空的意思，而这也象征着生命力的开展，也就是在觉醒后有实践，而后所展现的生命状态。

"不亦说乎?"的"说"指来自内心会心的喜悦。"乎"是疑问词，等同于今天用语中的"呀""啊""吗"，它是一种表情，在这里当作一种疑问的提出。孔子在这里不是告诉我们，鸟在练习飞行后就一定快乐，而是问我们，当我们人如同鸟能够在不断尝试、自我拓展，以锻炼自己的生命力量而有所成的时候，我们会打从心底而高兴吗? 这句话也就是说当人的生命在觉醒后，如同小鸟一般伸展开翅膀，不断地、随时随地地做出生命的试探、生命的实践以扩大自己的力量，而后走向自身生命的发展。在各种实践、尝试的过程里有了成效，我们的内心会不会很开心呢? 孔子最后用的句子句型是疑问句，他在问我们在这种体验之中开心吗。"学而时习之，不亦说乎?"这可以说是人的自我的确立。人有了真切的自我，而这也就是人的个体性的建立。

第二句"有朋自远方来"，这是说明人开展出这样的一种自我性而后，就人的属性而言，第二步，人再开展出社会性。要知道，人是不单独活着，人是生活在人群社会之中的。当有朋友从远方来了，就代表着人开展出人的社会性了。"朋"指的是朋友，它是朋友的省称，只提"朋"，这里后面包含"友"字。古人说，"同道曰朋，同志曰友"，朋友这一词在传统的中国不是指一般认识的人，朋友指有着共同生命理想和志同道合的人。"自远方来"就是从远方来这里和您相会，这如同曾子所说的"以文会友，以友辅仁"的意思。当人开始有了社会性，这也就是人在自我生命觉醒中"飞"出来了，开展出来了，有了志同道合的人作为自己的朋友，而且还从"远地"而来，这不是一件很快乐的事吗？要注意的是，这里用的"乐"和第一句中的"说"是不相同的，"说"指的是内心会心的喜悦，所以用"说"；"乐"则是洋溢于外的高兴，我们常说的快乐，或者乐洋洋，这是表现于外，展现我们的那一份感情、情绪，这是自我的开展。我们可以说，当人跨出了生物性、动物性，人不再受生物性、动物性的局限，展现自我的人的时候，人有了自我的确立，有了自我的开展。

第三句"人不知而不愠，不亦君子乎？""人不知"指的是自己不被人认同和肯定。这里面不只是指我们日常生活中默默无闻，还包含了当自己生命自觉展现出来的成果不被人认同、肯定，或者说根本不了解，没有人知道。这就如同《老子》书中所说的"俗人昭昭，我独昏昏"。"俗人"指的是一般人，也就是指那些一般还没有到达生命自觉觉醒这一层次上的人。在这一层次上的人为了生存总在种种利害关系上表现出极其精明而清楚的计算，可是一旦得道、悟道了以后，人自然对于由生存而来的生存利害的这些事就不那么在意了，于是对这些现实中有关利害的所有事情似乎不在意，有些糊里糊涂的。尤其在一般人、在意这些事的人看来，哎呀，这个人好糊涂啊。这就是《老子》书中说明的一个得道者、悟道者被一般人看成是一个糊涂蛋，以至于说"俗人昭昭，我独昏昏"。特别以此标榜出我得道了，我不在意那些只有利害的事物了。而在这里"人不知"一句，同样指自己不再被人认同、肯定的时候"而不愠"。"而"指但是。"不愠"的"愠"指心中生闷气，"不愠"指心中没有任何一点闷气，换句话说这是代表自己已经超越出人在生物性中争生存时候的心理和情感需要。在那个时候人们在生存上总期待、总渴望别人的肯定与认同，这是因为有了肯定与认同，表示自己被人群接纳，自己的生存有了更多的保障。而现在，自我的生命在觉醒后，自己超脱出这种生物性的需要，这表示自我独立，自我完成了。

所以说，《论语》的《学而篇》这三句话说的是在人自我生命觉醒后，自我建立、自我开展、自我完成。人有了这样的自我生命觉醒，于是"不亦君子乎？"这不也就是君子了吗？君子在这里被孔子赋予了新的意义，因为在孔子以前，君子指的是君主、贵族这一类的人，在这里，孔子赋予了这个因生命觉醒而有了自我完成的人以君子之名。所以凡在自我生命觉醒之后，能自我建立、自我开展、自我完成的人，就是君子了。君子代表有着高度自我生命觉醒者，而一部《论语》讲的就是如何成为君子。

《学而篇第一》1.2

有子曰："其为人也孝弟，而好犯上者，鲜矣；不好犯上，而好作乱者，未之有也。君子务本，本立而道生。孝弟也者，其为仁之本与！"

　　有子，是孔子的学生，孔子的弟子，是晚年跟随孔子求学的。在《论语》里只有有子、曾子这两位学生被尊称为"子"，"子"就是先生，"有先生""曾先生"，其他的弟子没有这种尊称。所以古人说，《论语》可能就出自这两位先生之手，或者由他们的学生所记。

　　有子说："其为人也孝弟，而好犯上者，鲜矣。""其为人也"的"其"是助词。"为人"就是做人，这是在做人的行为表现上。"也"，语中助词，他做人呐，这个意思。在这里要注意的是，凡《论语》中的语气词、语中助词多半表达语气，它们是表情的，加强句子中的那份情感。"孝弟"的"孝"是在人的自觉之下真正感受而且懂得了父母对自己的爱而后所做的回报。孝虽是人天生就有的属性，但是如果父母的教育中没有引导，并且持续地使孩子感受来自父母的爱，以至于使他意会到这份生命之爱，孝是不容易被全然地开发出来的。这也就是我们看到有些孩子长大后不孝的原因了。这是因为孝是要感受到父母的爱，而由衷地爱父母，回报父母的生育、养育之恩，这叫作孝。"弟"又称之为"悌"，原本指兄弟间的那份亲情，进一步要说的是指弟弟对哥哥的一种谦退、亲爱的表现，而后扩大了，就成为和社会人相处的一份和谐的情感。这是说有"悌"道就是能与人相处和睦而不争的意思。古人说，"善事父母为孝，善事兄弟为弟"。

"而好犯上者，鲜矣"，这个"而"是然而。"好犯上者"的"好"是喜欢。"犯"是冒犯，干犯，冲撞。"上"指的是在上位的人，如父母、上司、长辈，以至于君主、君上等。"鲜"是少。"矣"是语尾叹词，拉长声讲"啊"，加强了这句话的意思。

"不好犯上，而好作乱者，未之有也。""不好犯上"指不喜欢冲撞长辈、上司，"作乱"就是指违反常理的事情。什么是违反常理的事情呢？比如举兵称乱。用今天的话讲，就是用毁灭性的方式去做事，把一切捣毁，用这种方法做事也就是作乱。"未之有也"可作为"未有之也"，指从来都没发生过。

"君子务本，本立而道生。""君子务本"的"君子"，我们说过，就是有着高度自我生命觉醒的人。"务"就是专力，专心一志。"本"是指事情的根本处，也就是基础。"本立而道生"的"本立"就是根本处或者说一切的基础能够正式建立起来了。"立"就是建立，建立得好。"道生"的"道"是大道、仁道、人道，道自然也就产生了。而孔子所言的仁道、人道的最根本处是在人的心，也就是人心的觉醒。

心的根本处就是在"觉"字上，人的心能觉醒，而后也就能有孝悌，也就是当人的自我生命觉醒后所产生的那一份人类之情。这份人类之情就是对父母兄弟姊妹的爱，进而才能扩大到对社会、对人有了那份爱心和同情心。而这一切才是作为人活在这个世界上的一个基础、一个根本。人活着必须心中有爱，这样才能够真正产生出人的生命之道，以及所谓人类的社会。

孔子的道，就是人类正常的充满爱的生命之道，所谓人道，也就是仁道，人类仁爱的生命大道。

"孝弟也者，其为仁之本与！""其"指应该。孝弟啊，应该是作为仁的根本基础。"与"是叹词。"其为仁之本与"，可以成为人最根本的生命之道、生活之道，如果从生存而言，也是人不同于其他生物的生存之道。这句话强调作为人中心根本的就是仁。

仁，孔子解为爱人，这个观点和现代人本心理学所研究的成果是一致的。根据现代人本心理学所说的，人要是没有了爱，是无法确立自己生命存在的价值的，甚至无法确定自己活着的意义。人本心理学形容说，当人无法确定自己活着的意义，人的生命如同漂浮的、没有灵魂的生命。所以真正人的成立，也就是人不再是生物人，不再是自然人，或者更强烈地形容一下，人脱开半兽人的那种生活领域，就在于人在自觉中对生命自然产生出爱、关怀、同情，于是有了仁。"其为人也孝弟"也就是确立了家庭和家庭教育，因为这种爱来自家庭，来自家庭教育，说明了人的基本的性格、关键的养成是在家庭、家庭的爱和家庭有爱的教养上。

《学而篇第一》1.3

子曰："巧言令色，鲜矣仁。"

我们说了《论语》的第一、第二章。《论语》的第一章也就是在说，人在自我生命觉醒之后，人的自我的确立。第二章则说明人的基本性格的养成，这是在自我生命觉醒后，有了真正的爱，这就是仁。仁是有着生命自觉的爱，同时也代表了觉醒的圆满，圆满地觉醒。现在我们开始讲第三章。

"巧言"就是专说讨好人的巧妙的言语。"令色"的"令"是美好的意思。"色"指的是脸色、表情。"巧言令色"就是一味地说着讨好人的话，同时努力地表现讨好人的脸色。"鲜矣仁"这句话可改成"鲜仁矣"。"鲜"是少、缺少的意思。"鲜仁"就是少了仁，缺少了仁，仁还有所不足。我们在前面说，仁，是有生命自觉的爱，不但有生命的自觉，同时在生命自觉中有了爱，有了对人的爱，对生命的爱。这里包括了对自己、对父母、对兄弟姊妹，以至于对朋友而后扩大到人类的爱。这是人真正的一种情爱。这不是一种生物性、占有性的冲动。

当人有了真正的爱，有了仁，代表人已经有了生命的高度自觉，同时进入觉醒的圆满状态。

虽然有些人有了自我确立，不过我们从他的表现上来看，他仍是一味地讨巧说些别人喜欢听的话，努力做出讨好别人的脸色和表情，这人仍旧还是没有真正地确立起来，这就是人缺少了仁，还没有生命的自立性，自己还缺少独立。所以这句话就表示，我们可以用行为的表现来作为自我检验的一个方式，看看自己是不是已经有了生命的觉醒，而且正向生命的圆满性走去。

《学而篇第一》1.4

曾子曰:"吾日三省吾身:为人谋而不忠乎?与朋友交而不信乎?传不习乎?"

曾子,名参,孔子晚年弟子。"吾日三省吾身","吾"是我,曾子的自称;不过用在这儿,也作为人人,每一个人自己。"日"是每天。"三省吾身","三"是三次,也有人说,三是多次,因为自古以来,称三称九都讲多,不过在这里很明确,就是三次,因为下面他用三件事来说。"省"也就是反省,自我省察,自我检查。"吾身"指的我自己。"身"代表了自己的身心,包含从行为中以至于到自我内在的一个总体的称谓。这是说,我每天三次反省我自己。

"为人谋而不忠乎?""为人"就是替别人。"谋"是谋事,也就是规划办事,商量办事,包括答应别人办事。"忠"是尽己。尽己是什么意思呢?尽己在今天的说法就是尽自己最大的力量,尽心,尽力,全力以赴。这也就是说,当我答应帮别人做事的时候,有没有没尽全力全心的地方?我以此来检查自己。

"与朋友交而不信乎?""与"就是和。"朋友"我们前面说过,可不是一般认识的人哦。"同道曰朋,同志曰友。"朋友是志同道合的人,也就是有着共同生命理想的知己。"交"是交往。"信"是真实不虚。我们平常说,信,是守信义,守信诺,讲信用。而信能如此,其背后是真实不虚,一点假的都没有,是真实的,才可能达到守信义、守信诺的地步。这就是说,和朋友交往,我们检查自己,有没有不真实的地方？

"传不习乎？"这个"传"字，可以音"专"字。如果音"专"字，指的就是六寸簿。古人用六寸的竹简来做成笔记本。"专"，就专指这个六寸长的竹简做的笔记本而言的。何以有笔记本？也就是接受教育，接受老师的教育。不过这个"专"字也可以念"传"，当念"传"的时候，就是老师所授的课业，就是讲老师教授我们课业，我们在接受教育。"习"，前面说过，就是实践，就是实行，和"学而时习之"的"习"字的意思一样。也就是，随着老师学习以后，我们检验自己有没有去实践？

为什么这一句只挑出了这三件事来作自我反省？因为这三件事是确立自我最根本的、最本质的部分。"为人谋而不忠乎？"凡事和人交往，是不是尽了我们的全心全力，这牵涉到利害性的问题，对自己有利，还是对自己没有利。如果人还停留在生物性争生存的阶段，为了求生存，自然一定会去考虑，我这样替别人做事，对我有什么好处啊，对我能有什么利益呢？好，没有，我就少做一点，多尽些力反而对自己没有好处。为人谋，而能忠，这就是自己已超越了生物性求生存一定得自私自利的这种心理状态了。即使对自己没有利益，或我们不可能从中获取什么利益，我们仍然尽心尽力地去做，这也就是高度生命自觉的表现。"与朋友交而不信乎？"这是说，在和我们的同道好友知己的交往中，我们能不能展现真实的自己？我们的心中毫无掩藏，我们能不能够坦然地面对我们自己的内心世界，而不掩藏——哎呀！这个部分我还不想让人知道——能如此，才有了真正的自信，所以如此来检验自己有没有真正的自信，能不能接纳自己。能，就表示自己心中没有了阴影，表示我们能够很诚实地面对自己，我们没有任何自卑之处了。"传不习乎？"我们跟着老师学习，在知识学习上有了心得，我们能不能够就去实践，就去试试看，如同"鸟数飞""学而时习之"这样？这是检视自己的实践力。这一句所谈的"忠"，所谈的"信"，所谈的"习"，是人就自我生命觉醒后的一个自我检验，因为这包含了自己作为一个人最本质的一种展现，所以说用这三件事来作为自我反省，以确立自己的标准。

《学而篇第一》1.14

子曰："君子食无求饱，居无求安，敏于事而慎于言，就有道而正焉，可谓好学也已。"

"君子食无求饱"，"君子"，我们前面说过，是一个有高度的生命自觉者。有人说，这个"君子"是对领导者、为政者说的，其实两者可以兼得。重要的是，君子，孔子已经赋予他一个新的意义。不在特殊情况下，他都含着一个有高度的生命自觉者的含义。"食无求饱"，在饮食上，在吃东西上，"无求"就是不会强求，不会专门去求。"饱"，请注意，这里不是吃饱了的饱，而是丰腴，指的是丰腴的食物，美好的食物。

"居无求安"，"居"，在居住上，在居住的环境上。"无求"，不会去强求，不会专门去追求。"安"是安适、安逸，可以说非常舒服。换句话说，一个觉醒者，在居住的环境上也不会专求安逸、舒服不可。

"敏于事而慎于言"，"敏于事"，我们可以将这个句子调成"于事敏"。"于"就是在，在事情上很敏捷。这是说，在做事上非常勤劳、敏捷，不逃避事情。"而慎于言"，"而"是而且，同时"慎于言"同样可以调为"于言慎"，这样容易理解。"于言"，在语言上，也就是在说话上。"慎"是谨慎、慎重的意思，也就是不夸张、不巧言、合乎事实。

"就有道而正焉"，"就"是接近、亲近。"有道"是有道义的人，也就是已经有了生命的自觉表现。换言之，是人有了生命的自觉，而后走向有了仁道的人。"而正焉"，"而"是而后。"正"是匡正。"焉"是之的意思，是助词。而后接近了这有道之人，就来匡正自己，让自己也同样地走向生命觉醒的道路。

"可谓好学也已。""可谓"，可说是。"好学"的第一层意思，或许我们还可以说是喜欢学习吧。学习什么就是它的第二层意思。学习觉醒，好的觉醒，一个好好的生命的觉醒。

这一句话，我们可以说，一个有了高度的生命自觉者，在生命的自觉之后，得到了生命的那份喜悦，在饮食上就不会专门地去追求美食，认为唯有美食才会带给自己快乐。也不会专门去追求住得一定要如何的舒服，如何的让人觉得安逸。对事物总是保持勤快、敏捷的这份心理，也就是不怕事，敢于承担事情，负起责任。在言语上则力求慎重、谨慎。同时会去亲近已走上生命觉醒道路之人，向他学习，匡正自己，像这样的表现，就是一种好的觉醒和学习了。

《学而篇第一》1.15

子贡曰:"贫而无谄,富而无骄,何如?"子曰:
"可也。未若贫而乐,富而好礼者也。"子贡曰:
"《诗》云:'如切如磋,如琢如磨。'其斯之谓
与?"子曰:"赐也,始可与言《诗》已矣!告诸往
而知来者。"

"子贡曰",就是子贡说。"贫而无谄,富而无骄,何如?""贫
而无谄"的"贫"就是没有钱财,或者说是贫困吧。"无谄"的
"谄"就是谄媚,古人讲谄媚就是卑屈地讨好人。"富而无骄"的
"富",当然就是富有。"无骄",不骄傲。子贡问完,于是再说"何
如",这样如何啊,这个"何如"就是如何,怎么样呢。

"子曰:可也。"孔子回答说,还算可以呀。"未若"就是不如。
"贫而乐",没有钱财,过着贫困的生活,仍然不失生命的喜乐,不
丧失享有生命的喜乐。这就代表有了生命的觉醒,有了高度的生命
自我觉醒,他享有到生命本身的快乐,而不是说活着是一种苦难,
而是享有了"哎呀,活着真好"这样的感受。

"富而好礼",富有但是能知礼。在孔子的学说中,我们说过,
孔子提出了生命的自觉,使人从生物性本能的那一份冲动中提升到
真正的作为人的仁道上,不再是自然人、生物人,或者更严重是半
兽人。"贫"直接伤害了我们的生存,破坏了我们正常的生活,人们
多半因此而不快乐,为此我们看到有钱有势的人就容易谄媚。而有

钱有势的人总觉得自己高人一等，而有了骄傲。所以子贡问"贫而无谄，富而无骄"，像这样如何啊？可以了吗？孔子再进一步地说，不如尽管在贫穷之中，但是因为生命有了自觉，他仍享有来自生命自觉所带来的生命的喜乐，他没有丧失掉人生的快乐，人生的那种真正的"活着是件好事"的认知；而富有的人在生命的自觉之下，能谦逊而守礼，有他适当的分寸。这样的人生态度才是一个更积极、更向前、更好的态度。而不只是消极地不谄媚、不骄傲而已。

子贡于是回答说："《诗》云：'如切如磋，如琢如磨。'"切，磋，琢，磨，在《诗经》里的本意指雕刻牙、骨、玉、石（牙，就是动物的牙，如象牙。骨，也是动物的骨，如象骨。还有玉，或者漂亮的石头。古人用这些来做雕刻，做饰品，以装饰自己）的时候，他们得先将材料切开来，然后磋，就是打磨，然后细细地雕琢，就是琢，而后抛光，就是磨。得经过这样的手续，才能精益求精，将粗糙的原料雕琢成为一件艺术品。"其斯之谓与？""其"指应该。"斯之谓"，就是这样说吧。子贡的意思就是说，孔子刚才进一步的说法，更积极、更深刻、更好地教导了他，这就如《诗经》里所说的制牙骨玉石的技术，在处理这些材料的时候，要经过切磋琢磨，才可能精益求精将一般成品化为艺术品，更好地呈现，刚才孔子的提醒，他们的对话，就是这种精益求精的教导。

"子曰：'赐也！始可与言《诗》已矣！告诸往而知来者。'""赐也！"孔子对学生的称呼都直接呼喊他们的名。赐，是子贡的名。子贡也是孔子较晚收入的学生。"始"就是才。"可"是可以。"与言《诗》已矣"，我到现在才可以跟你谈《诗》了，教你怎么读《诗》了，或者说现在开始我可以告诉你如何去读《诗》而了解《诗》了。"告诸往而知来者。""告"是告诉。"诸"是之于，兼语。"往"是过去的事。"告诸往",告诉你过去的事。"而知来","而"是就,就能知道未来的事情,就能推向未来而有所知。这个意思也就是,当我告诉你这里,你就能想到那里,我告诉你这个,你就悟到了那个。你的心思,你的意念,已经能举一反三了,也因此我可以将《诗经》中的那份道理教你,教你读《诗》了。

《为政篇第二》2.3

子曰："道之以政，齐之以刑，民免而无耻；道之以德，齐之以礼，有耻且格。"

"道之以政"，我们可以调整句型为"以政道之"。这个"以"就是用。这个"政"指政治，或者说法政、制度。要注意的是，"导"在书本中译为道理的"道"，做引导讲。"导之"是引导他，而古人道理的"道"和引导的"导"是相通用的。"道"就是引导的意思。

"齐之以刑"，也就是"以刑齐之"。"以"是用。"刑"是刑罚。"齐"就是整齐，或者整顿、整饬、齐一的意思。

"民免而无耻"，"免"就是民免于刑，避免于罚，换句话说就是不会受到刑罚的惩治。"无耻"，没有自我的羞愧心，也就是不知羞耻，或说不知道什么叫作羞耻，这是没有自我要求的能力。

"道之以德"，也同样是"以德道之"。什么是德，简单地说，德是善行，在这里则是指善心、善意、善行，包含着三个意思在内。

"齐之以礼"，是"以礼齐之"，用礼来整顿人。什么是礼呢？古人说制度品节是礼。什么又是制度品节呢？这是指在西周时代，周公制定了礼乐制度，西周的政治是以礼乐制度为政治制度。礼乐表达的是人的情，所以这是以情为中心的政治制度。政治制度不在权力的分配，而在情的适当。这是因为西周的封建制度乃建立了一个人类最古老的联邦制度。在这联邦制度之下，天子与诸侯都有他自身政治权力的局限、礼的分寸。同时，天子与诸侯间再通过同姓不准结婚、异姓得以联姻的婚姻制度，把当时整个天下的各民族化成了一个大家庭、大家族。我们所谓天子、诸侯大家都是一家人，而天子算是大家长吧。这种情形直到今天，在我们的社会中还看得见。所以，政治制度不以权力为中心，而是以家人的情感为中心，在家人情感的表达中，人与人情感的表达中，再进一步建立起适当的仪则，然后去传达相互的尊重，还有该有的人与人的情感。这就是礼乐制度，礼乐品节由此建立。用这样适当的仪则来整顿大家的行为，这就是"齐之以礼"。

"有耻且格"，"有耻"，有羞耻心。"格"是正，也就是指正确的人生道路。"格"还有一个意思：至，到，到达或者走上了正确的人生道路。

这句话的意思是说，用政治制度去引导人民，而后用刑罚去整饬他们的行为，人民虽然能免除于犯罪，可是却不知道羞耻是怎么回事，没有羞耻心，不能自我要求，没有自觉。相反地，以善心、善行、善意去带领人民，再用适度的仪则去整饬人民的行为，引导人民，那么人民既可以有羞耻心，免于犯罪，又同时能走上正确的人生道路。

《为政篇第二》2.4

子曰:"吾十有五而志于学,三十而立,四十而不惑,五十而知天命,六十而耳顺,七十而从心所欲,不逾矩。"

"吾十有五而志于学","吾",孔子的自称,就是我。"十有五"的"有"字作"又"字讲,"十有五"也就是十五岁。"而志于学","志"是立志。古人所谓志,是心之所主,我心定在那里,我心的定向。又说是心之所之,这个"之"是向往的"往",就是我心最向往的那个去处。这是指人在生命自觉之后,从心中而起的那份生命的向往。这个"学"既是学习,又是自觉。孔子说他十五岁的时候有所自觉,而全力以赴地走上自觉的道路,而有志于在自觉的前提下学习,不再是盲目地学习,而是有所自觉地学习。

"三十而立",也就是到了三十岁就能坚定自守于自己之所觉,自己之所学,自己生命最向往的那一个归向处。"立"就是前面所说的立于自己的志向,确立于自己的志向,对自己的志向能够清楚地掌握。

"四十而不惑",再经过了十年,到了四十岁,这是人生的一个中点站。人到了这个中点站就会前思后想,然后来审视自己,前面所做有没有需要修正的,后面所为需不需要改变,所以人到四十岁上下,开始会对人生有各种各样的疑问,如此称"惑"。所以四十之惑其实不仅是一个人类共同普遍的状况,同时也是人类在自觉或不自觉之中的一种心理表现。而在这里是说，再经过十年到四十岁，也就在这反反复复的自觉反省之中，对待一切的事理，自己生命的最大向往，自己未来所要走的路，不再有疑惑了，这是一个更大的确定。

"五十而知天命"，请注意这个"知"字，通常都带有清清楚楚地理解，清清楚楚地认知的意思。孔子说，他到了五十岁，方能够清清楚楚地理解认知到什么是天命，或说天命的道理。什么是天命呢？天命基本上有三个意思。第一个意思，命就是令，指上天所给予我们的，我们无可拒绝和违抗。我们的性格，包括我们的年岁，甚至于才华，或者我们在这个社会可做的事情，它都有一个我们先天被决定的部分。不过，不是宿命论。但确实在上天给予的时候，我们的某些基本素质是被确定了。这是第一个天命。我们长这么高，我们的这个长相，也都是在这个天命之中。第二个天命，我们身处的社会，我们身处的时代，我们身处的环境，对我们整个人的成长，生命的成长，心理的成长和事业的发展，也都有一定的不可改变的状况。我们为什么是中国人，我们为什么就出生在这个阶段的中国，这也是天命。第三个天命，就是我们生命的长短和我们可做的事情。我们都是教师，或许教书是我们的特长，是我们最喜欢的事情，别的事情无可替代。同时，我们的寿命，这同样是属于天命的地方。换句话说，我之所以为我，基本上受这样天命的限制和制约。这种说法似乎有些消极，可是转过来，是最大的积极。

我们在生命的自觉后，我们经过十五而志于学，三十而立，四十不惑，我们更清楚地了解在这个世界上我之所以为我的特殊性，就在这个认识里全力发挥。如果我们确实是一个好教师，那么就全力成为好教师吧。我们把我们似乎带着先天就命定的这个部分，从消极转为积极，全力以赴，将自己淋漓尽致地发挥出去，活出去。这是孔子所说的五十知天命，也就是全力以赴发挥自己，而后走向自我实现、自我创造的生命道路。

"六十而耳顺"，到了六十岁，"耳顺"是什么？就是"入耳心通"。"入耳"，声音从耳朵进来，"心通"，心就完全地明白，全面地通达于一切的事物，通达于一切的情感，通达于一切的心理，一切都能在心中有所了然、明白。即使这些事、这些理论和自己是相反的、不同的，一切的是是非非进到耳朵里来，都不会觉得有任何的冲突、不顺。世界上任何相反相异的事，是是非非的冲突，我们听到，我们都能循着它的脉络，知道它的前因后果，自己的内心没有任何的矛盾、冲突。我们自我内外相通、和谐一致了。

"七十而从心所欲，不逾矩。"到了七十岁，"从心所欲"，"从"是顺从，"心所欲"，也就是心所想要的，这个"欲"是做想要的，顺从着自己的心想要的。"不逾矩"，是不跨越那个规矩。"逾"是跨越。"矩"是规矩的省称，以"矩"代替规矩。规是圆规，矩是曲尺，或者我们所谓工匠画圆形的圆规，画方形、画三角形所用的工具，引申用作法度、准则。我们也可以将这法度、准则再引申，而成为生命的法度、生命的准则。七十岁了，我们能够做到随顺自己心中所想要的，却不跨越这一份生命的法度、生命的规矩，一任自己心之所至，无需有任何的顾忌，而绝不会跨出生命、自然的规律。这个生命的法度也就是天道自然的规律。这也就是在自己的心中，在自我高度生命觉醒之后，所开展出的最大的自由。人与道、人与天合一了，人真正享有了生命最大的一份自由的喜悦。

《为政篇第二》2.7

子游问孝。子曰："今之孝者，是谓能养，至于犬
马，皆能有养，不敬，何以别乎？"

"子游问孝"，子游是孔子晚年所收的学生，小孔子四十五岁，姓言，名偃，字子游，吴国人，以文学出名，就是在知识、文学上有名。"问孝"，"问"是请问、请教的意思，"孝"指孝道，再引申，可作正确的行孝方式。"问孝"也就是请问孔子何为孝道，或者说请教正确的行孝方式。

子曰："今之孝者，是谓能养，至于犬马，皆能有养，不敬，何以别乎？"孔子听到子游问孝，回答道："今之孝者，是谓能养。""今"指的是当今、现在。"孝者"，指的是孝子，也就是行孝之人。"是谓能养"这个"是"字作"乃"字讲，"谓"可以作"称为"，或者作"认为"讲。"能养"的"能"，是能够，"养"是喂养，或者说供养，也就是说提供饮食，供养生活。"是谓能养"，就是只是提供了饮食，供养生活，就认为这就是孝。"至于犬马，皆能有养"，"至于"这两个字，古人认为是惯用语，可以不解释。"至"就是到了，"于"就是助词。"至于犬马"就是说"到了犬马的喂养"，或者说"就算是犬马的饲养"。"皆能有养"也都能够提供饮食，供养生活。就像我们今天说的饲养宠物一样。那么行孝以这样的方式，和犬马的供养之间有何区别呢？

是以孔子下面说："不敬，何以别乎？""不"，就是没有；"敬"

是指敬意，或敬爱心。"何以别乎"，"何以"就是"以何"，"以"是"拿、用"，"何"是"什么"，"别"是"区别、分别"，"乎"是疑问词，作"呢"字解。我们拿什么去做区别呢？如果在对父母的供养上，没有敬意，没有敬爱心，我们拿什么和喂养犬马做区别呢？

这是说，父母年迈，子女以饮食供养父母，其中没有了敬意，没有了爱心，这个和拿食物供养犬马的区别在什么地方？这是值得深思的。

在这里，孔子特别提出了一个"敬"字，"不敬，何以别乎？"什么是"敬"呢？"敬"这个观点起源非常早，远在西周初年，也就是距今三千年前，周人就提出了"敬"字，来作为那个时代最新的观点，以及行为的表现。我们看《诗经》《尚书》就可以知道，"敬"是周文王展现出来的一种德行；周人能获得天命，上天的任命，同时得到诸侯的支持，取得天下的根本原因，就是周文王能"敬"——敬天德，所以"天命之"，上天任命了他。

什么是天德？天德就是天之德，天的最大的行为表现，天正向而具体的行为表现。天的正向而具体的行为表现是什么呢？就是创造了一切。古人所谓"天之大德曰生"。天最大的正向的具体行为表现就是生命的创造，所谓"生生之德"。周文王以"敬"而知天德。

于是周文王以"敬"展现在他自己的行为上，以之建立起生命的理想，并且也创建了以生命理想建构的政治制度、社会制度、伦理制度，也就是所谓共生、共存、共有、共享、共尊、共荣的礼乐封建制度；进而达成"保民""爱民"及"孝道"为天下政治共同的目标。不过这个孝道在那个时代，不只是子女对父母的行孝，重要的是各族群的生命延续。用今天的话，就是他举起了爱与和平的大旗，号召天下，因此天下诸侯响应，终于缔造了一个新时代。

　　周文王凭什么知道、凭什么创造出这样的新时代的观念，并让周武王、周公去完成呢？因为他提出了"敬"的观点、思想，以及学习"敬"的方法，使人们从"敬"中获得自我内在精神的能力。而这个"敬"的能力是什么呢？这个"敬"的能力就是自我精神的专一，今天所谓专心致志、聚精会神。"敬"就是能够将自己的精神内敛集中，做自我省察，进而专心致志、聚精会神。这也就是人的"自我意识"的开展，"生命自觉"的强力表现。

　　这也是人开始有能力省察自己，聚集自己的心力，而不再只是如动物般的一味关注外在，对外追求；他在自我的省察下，集中自身的心力，可以专心一致，而后有能力自我要求，于是外在的态度就自然表现出庄重、恭敬。人的生命力、人的认知力，包括人的自我节制力和真实的情感力，都是从庄重、恭敬、认真中展现。是以古来认为西周初年是人性萌芽的时代。此后"敬""孝""德"就成为由西周到春秋的传统精神。在春秋时代，"孝"从族群的延续，深入到父母、子女的亲子关系上。

　　孔子的这一章谈"以敬行孝"，他把"敬"放在我们奉养父母的行为之中，换句话说，对父母心存敬爱，作为奉养父母最重要的一种内在的爱。我们在生命自觉中对父母心存敬爱，即使随着年龄增长，我们也不丧失对父母的那一份孺慕之情，如同人在幼年时候对父母的那份依赖。这也就是人在幼小的时候，因生长的需要，仰赖父母，爱父母。可是随着年龄的增长，自我壮大了，自己逐渐自立了，对父母的爱也就逐渐淡薄了。等父母老了，奉养父母的时候，人们常常失去了那一份孺慕之情，只成了一种社会责任。但是人们有"敬"，从敬意中、从自我意识中重新认识父母对我们的爱、对我们的生命的赐予，而使我们更深刻地肯定父母的爱。由"敬"而行孝，这不只是对父母行孝的奉养，更是对于自身生命、人类生命更深沉的反省。"孝"是人类最深沉的生命之爱。由"敬"而行孝奉养父母是人类最深沉生命之爱的实践与完成。

所以孔子说，人要是失去了那一份"敬"，"孝"只成了一种社会责任、一种应尽的义务。这样的奉养就只是供应饮食而已，这和喂养犬马有什么分别呢？这样奉养父母实际上就不算是一个完整的孝道。

孔子透过孝，提出了人与动物、生命与生存间细微而严肃的区别，这一课题等待着今天做子女的人们好好地深思！

《为政篇第二》2.8

子夏问孝。子曰："色难。有事，弟子服其劳。有
酒食，先生馔。曾是以为孝乎？"

"子夏问孝"，子夏也是孔子晚年的弟子。他向孔子问孝道，或
说如何才是孝道。孔子针对他的问题就回答"色难"。这个"色难"
指的是子女在侍奉父母的时候，维持着和颜悦色，保持自己内心的
愉快，是最难做到的事。

一般来说，以为"有事，弟子服其劳"，这个"有事"指父母
亲有事情，家里有事情，或者自己的长辈有事情。"弟子服其劳"，
"弟子"指年轻人，于是年轻人去帮帮忙，去做。这个"服"就是操
持、服务，就是去做，去操劳，去维持，去帮忙做完它。"其"指那
些，是指称词。"劳"就是需要劳动的事物。

"有酒食"有人主张念"有酒食（音四）"，我们还是以平常的
来说"有酒食（音十）"。"先生馔"，"先生"指的就是父兄、长上、
长辈。"馔"作动词用，本来是名词指饮食，在这里作动词，就是
吃酒食。"曾是以为孝乎？"这个"曾"就是乃，如此，如此就是孝
道吗？

这句话的意思也就是说，子夏问孝道，孔子回答他说，子女在
侍奉父母的时候，维持和颜悦色，保持内心的愉悦，其实这是最难
做到的。如果说，父母有事，家里有事，年轻人去帮着操劳，把事
情做掉，或者说有了酒饭，让父兄长上先去吃先去喝，如此就算是

尽孝了吗？孔子在这里提出了疑问，意思也就是要我们深切地反省，如何尽孝才能完成对父母的爱的那份孝道。当然，孔子的这个问题的背后告诉我们，那不是孝啊！孝是要从内心发出对父母的爱，它是父母在我们身边所带给我们的幸福感，以及我们感受到这份幸福感、这份愉悦而由衷地展现和颜悦色，这才能够使父母打心里感到开心，父母的开心才是我们最要尽孝的部分。

《为政篇第二》2.12

子曰："君子不器。"

"君子"原本是国君、贵族、为政者的意思。到了孔子，赋予了"君子"新的意思——高度的生命自觉者。所以凡言"君子"，在《论语》中很多时候是就高度的生命自觉者而言的。

"不器"，"不"是没有，"器"原本指的是器皿，引申作"局限"解。因为任何器皿都有它特定的用途，碗有碗的用途，盘有盘的用途，锅有锅的用途，车有车的用途，各种器皿都有它自身特定的用途，这种自身特定的用途，基本上也就形成各自的局限。

在现实的人生中，人在社会现实的需要下，都以一才一艺为最重要的一种表现，因为如此，我们可以凭着自己的某一项才能、某一项技艺获得职业，求得钱财，成为生活的凭借。所以在一般人的观念和心智上，都以一切能达成生存的实用价值，为人生最有效、最高的价值。人如果都只是这样，那就受局限了。

在我们的俗语中有句话："士先器识，而后才艺。"这个"士"在这里作知识分子讲，一个知识分子最重要、首先的是当能够有器识，然后才谈个人的才能和技艺问题。为什么呢？因为器识指的是人的器量。人的见识、器量也就是人的格局。人的器量格局大，包容量大，开阔性大，展现性大，那创造性就大，人就有更多的可能性和发展性。有见识，见识高，那他一定看得远，甚至能盯衡天下，通观全局，看到别人看不到的部分。他的创造力、思考力、规划力一定周详而细致，因为在这样有器识的前提下，人才能做出最适当的抉择。这是大智慧的表现，而这个唯有在生命觉醒后才能达成。孔子说："毋意，毋必，毋固，毋我。"这是孔子教人不要随意凭空去猜测、论断事物，不要顽固地决定什么事情非做不可，不要固执己见，不要自我膨胀、以自我为中心。换句话说，孔子教人透过生命自觉，超然于原本自我之上，客观、开阔地看见各种事物的可能性。

是以孔子说，一个高度生命觉醒的君子，能够突破自我，超然于现实世界各种事物之上，看见事物的关键，做出正确的抉择，创造出新的可能。他不只是强调自己的一艺一才，而是展现自己宽大的心胸和高远的见识，而后展现自己的行动力，开展大智慧，让自己具有创造各种可能的表现。

是以一个君子在高度的生命自觉中，最重要的就是"不器"，不受限制，不受局限。

《为政篇第二》2.17

子曰："由！诲女知之乎！知之为知之，不知为不知，是知也。"

"由"，是子路的名，他姓仲，名由，字子路，孔子早年的学生，他只比孔子小了九岁。"子曰：由！"孔子叫着子路的名，仲由啊。"诲女知之乎！""诲"是教，教导。"女（音汝）"就是你，这个"女"字古代和"汝"字相通用，所以"女"是你的意思。"知之乎"这是指求知这件事。这句话的意思是：由啊，我来教你什么是知的方法，知的这件事。

"知之为知之"，直接说，知道的就是知道的，这是指人在认知上要知道自己或者人类可以确知的部分。我们在认知上、在知识上，确定哪些是我们确实已经知道或者确实可以知道的。"不知为不知"，同时还能知道我们还不知道的，或者说我们不确定知道的，以至于我们无法知道的。这个无法知道，包括人类。因为人类在知识上到今天确有很多已知的部分、确知的部分，关于天文，关于地理，关于这一切世界中的，我们看到，都有确知丰硕的成果。可是，还有一些无法确知的部分，有关天文的，有关地理的，我们仍然不断在发现人还不知道的部分。甚至还有的部分，会不会是人类根本无法知道的呢？譬如这个世界怎么创造出来，这样的一种根本终极的问题。我们要把这种知和不知的界限辨明清楚，不要以强知去求不可知的部分，或者强不知以为知。这些都会造成我们对于知识、对于认知、对于事物误解、误判。

人们常常会以不可知为人必须知，这是一个需重点注意的部分。明明不可知，却认为因为不可知，所以人必须去知，以至于必可知！这是一种冲动，人类在认知上所表现出来的一种生物性的冲动。因此，辨明清楚"是知也"，这才是完全地知道，真正地知道，才是一种正确的认知。所以在认知中，孔子发出了这样的提醒，也就是透过人的自我意识、自我觉知，去了解什么是真知，什么是全知。

《为政篇第二》2.21

或谓孔子曰："子奚不为政?"子曰:"《书》云:
'孝乎惟孝,友于兄弟。'施于有政,是亦为政,奚
其为为政?"

"或谓孔子曰"这个"或"是不定词,在这里指有人,是谁呢?
不确定,就是有人。"谓"就是说。"或谓孔子曰"就是有人对孔子
这么说了。"子奚不为政?""子"就是您。"奚"就是何,"奚不",
何不。"为政"就是从政。您何不就去从政呢? 大概孔子常在政治上
提出主张,提出更理想的作为,于是有人就对孔子说,您为什么就
不去从政呢?

"子曰:《书》云:'孝乎惟孝,友于兄弟。'""《书》云"的
《书》指的是《尚书》。"云"是说。"孝乎惟孝"这个"孝乎"就是
孝啊。"惟孝"的"惟",语气词,作"就是"讲。"孝乎惟孝"直
接说,孝啊,就是孝啊。这是什么意思呢? 这是赞美孝道。古人说
这是对向父母尽孝的赞美,是赞美大孝之辞。意思也就是说,能对
父母尽孝,而且能尽其大孝。这个大孝就是完成父母的期待,也包
含了完成自我的可能。这个可能不是在父母的期待下所说的可能,
是自己之所以出生而后所拥有潜藏的那个可能性,这就是大孝,就
是孝啊。"友于兄弟",这个"友"字是善,也就是说能善友、能友
爱的意思。当我们对兄弟能友爱,我们能善友我们自己的兄弟,这
也同样是一件重大的事情啊,它也包含在孝道之中啊。为什么呢?

因为都是来自父母，同胞兄弟姊妹，是父母一样疼爱的，我们因父母的爱，了解这个爱，而爱自己的兄弟姊妹。不过，这句话，不在今文《尚书》之中。在今文《尚书》里没看到而在《论语》里发现，于是它就成为《尚书》的逸文。而后有人把它放到了古文《尚书》的《君臣篇》里面。这一点我们可以注意一下。能尽孝于父母啊，这句话也就是说，当子女的能尽孝于父母，才是真正的孝。这个尽孝，就是真正地、全然地展现了对父母的爱和对自己的爱，对父母生我们的那份感恩啊。这就是真正的孝啊。同时，因孝而扩大，而真能友爱自己的兄弟啊。

"施于有政，是亦为政，奚其为为政？"这三句话是孔子说的。"施于有政"就是"施之于有政"。"施"是行，也是延及、扩延的意思，今天就是指推广。"有"，助词，并没有含义。"施于有政"也就是说，从家庭里实行真正的孝悌之道，实行好了，再延及推广到政治上。"是亦为政"，这也就是等同于从政了。"是"就是这的意思。"亦"就是也，也是。"为政"，就是参政了。这也就同参政、从政一样了。"奚其为为政？""奚"是何须。"其"是助词。"为"就是亲自去做事情。"为政"我们说过，就是从政，参与政治事务的工作。

这段话就是有人对孔子说，您为什么不去参与政事呢？孔子回答说，《尚书》上说，对父母尽心尽力地行孝啊，这就是伟大的孝啊。同时再从孝扩大而能友爱自己的兄弟姊妹。我们只要在家庭里把这个孝道和这份友爱自己兄弟的亲情实行得好，实行得完整，而后再推展到政治上，这也就等同于参与政治的事了。何须一定要亲自去为官参政才算是真正的从政呢？

此后中国的孝道和政治是合一的，这是中国政治和西方政治不同的地方。请大家注意。

《为政篇第二》2.22

子曰："人而无信，不知其可也。大车无輗，小车
无軏，其何以行之哉？"

　　"人而无信，不知其可也。""人"是指人类，指人人，以至于所谓人类的社会。"而"，如果。"无信"，不讲信用。"不知其可也"，是不知道他如何可行。"其"，也就是怎么。这就是说，不知道这怎么可以行于世啊。

　　"大车无輗，小车无軏"，这个大车在古代的时候是用牛拉的车，至于用马拉的车就称之为小车。輗（音尼）和軏（音月）：不论大车还是小车，要把牛、马套在车辕上，车辕前面就有一道横木，这个是驾牲口的地方，大车的横木叫作鬲，小车的横木叫作衡，鬲和衡的两头都有关键，有活销，輗就是大车的活销，軏就是小车横木的关键活销。车子要是没有了这个关键活销，就无法套住牛和马，车子就走不动了。"其何以行之哉？"的"其"指车子。"何以"就是"以何"。"以"是凭。"何"就是什么。那么将凭着什么而行呢？"行"就是行走，行动。也就是整个的社会活动将凭着什么而发展呢？"哉"就是呢。

　　这句话的含义是说，在人类的社会如果不讲信用，那就不知道这个社会或者人与人之间该如何行动了。这就像牛拉的大车要是没有了安装在横木上的輗，或者由马拉的小车上面没有了安装在横木的軏，如此不论大车还是小车，它将如何行走呢？所以在这种情况

下，"信"，用今天的车轮观念来说其实就是润滑剂或凝聚力；以古代的观念来说，就是让人类可以依赖社会生活而发展出来的那个关键。没有了"信"，人与人之间无法相处，国与国之间无法建立起和平的关系。所以在这种情况下，"信"其实是人类在生命自觉上的高度表现，同时是人与人之间能组成社会，能够和谐，能够发展的绝对不可缺少的核心。

《八佾篇第三》3.7

子曰："君子无所争，必也射乎！揖让而升，下而饮，其争也君子。"

"君子无所争"，这个"君子"是一个高度的生命自觉者。"无所争"指在人、在事上没有什么好争的事情，也就是无须用竞争的手法争取自己的事物。"必也射乎！""必"是一定；"射"是行射礼。古人射箭是一种运动，是一种训练，同时也是一个礼。有大射之礼，也有一般运动的射礼，还有人与人交往或者贵族与贵族之间交往中以射礼来进行社交的礼节。射礼也就是以射箭的方式来进行比赛。"必也射乎！"也就是说，在活动中，如果一定得有所争的话，那么一定是在行射礼的时候了。

大家来比箭，比箭的特色不只是说大家来比赛，比赛不是来比力气，而是比专心的程度。也就是说，当我们射不准的时候，重要的是反省自己射不准的原因，同时调整自己射箭的姿态，调整自己射箭专心的程度，调整自己射箭的高低，等等。所以这是一种非常特殊的、带着强大自我觉醒性来提醒自我觉醒的运动方式。"必也射乎！"这句话也就是说，一个高度觉醒的君子在一般事情上无所争，如果还有所争，一定是在行射礼或者大射礼的活动上以比箭的方式所行的一种竞赛。

"揖让而升"，"揖让"，古人在比箭行大礼的时候，也就是行大射礼的时候，射箭的两人同时并进，到比射的定点，两个人彼此行揖之礼，表示互相的礼敬。"而"是然后。"升"是升堂，也就是进到射箭的大堂。大射之礼是在大堂上比赛。"下而饮"的"下"指的是射完箭走下堂来再互相作揖行礼，而后互相敬酒喝酒。不过也有人说，不是两个人互相敬酒喝酒，而是中箭少的被罚饮酒。"其争也君子"，"其"就是那个的意思。"其争"就是那种竞争。"其争也君子"那种之争才是君子之争啊。

这句话也就是说，一个有高度生命自觉的君子，在对人、对事上，没有什么好争的了；如果有，那也一定是在大射之礼上比赛射箭的时候。在大射之礼比赛射箭的时候，两个人并进，进到大堂，相互作揖行礼，而后升堂射箭，射完后，相互作揖行礼，走下堂来，饮酒。这样的竞争，才是君子之争啊。

我们刚才说，也有人认为，这个饮酒不是两个人一起饮，而是输的那个人被罚饮酒。这在中国也是一个文化的特征。西方人非常不能理解我们在平日生活中的猜拳喝酒这件事，猜输的人喝酒，猜赢的没酒喝。他们百思不得其解。因为在他们的社会，赢了获得奖赏喝酒，输了怎么会得到奖赏喝酒呢？

可是在中国，就因为他们输了，所以该安慰他们喝酒；因为赢了，所赢的就是赢，所以无须奖赏了。同样，在射箭上，输的人喝酒，而赢的人赢得荣耀。面对输赢在中国是一种极其特殊的观点，而这个观点是一种对生命的同情，也是在生命高度自觉后，对失败者、对弱者的一份同情，这就是仁了。在西方，这是没有的。

《八佾篇第三》3.20

子曰："《关雎》，乐而不淫，哀而不伤。"

《关雎》是《诗经·国风》的第一篇，这首诗歌是歌咏君子想要娶得一个好淑女和自己婚配。其中君子想要这位淑女而相思得辗转睡不着觉，翻来覆去地睡不着，就是想着这位女孩，这是属于哀思的部分，因为没追到这位女孩子。而后当这位君子坚持追求，得到了这位淑女的爱，于是在高高兴兴地敲锣打鼓之中，前去迎娶这位淑女，这个地方又是快乐的部分。

"乐而不淫"的"乐"就是快乐。"淫"是过分，或者过量。古人说，下雨下久了，水多了，就叫作淫雨。所以淫有过量、过分的意思。"乐而不淫"是指快乐而不过分。"哀而不伤"的"伤"是指即使在悲哀的状况下，那份伤痛也不会伤了我们生生之性。

什么是生生之性？就是人天生要活下去的那份渴望。不过有的时候，人在哀伤的过程里沮丧到活不下去。但是在《诗经》的文学中，在情感的表达上，它不至于会有哀伤沮丧到活不下去的情感。换句话说，"乐而不淫，哀而不伤"乃是求取人们情感的最适当的部分。喜、怒、哀、乐，甚至于爱、恶、欲等，都是人的情感的表达。

每个人都有其情感。孔子以情感来作为人的特性。孔子以仁来作为人性的界定。古希腊哲学家亚里士多德说，人是理性的动物。我们借这哲学命题，也说人是情感的动物。这和亚里士多德所说人是理性的动物有很大的不同。只是，这情感和情绪是不同的，跟感情也不一样。这个情感是人喜、怒、哀、乐、爱、恶、欲的所有感情的表现都恰到好处，所谓依中道而行，也就是《中庸》说的"发而皆中节"。"中节"的意思就是，每一个情感的表达或者被引发，都恰好进一步促成人们向生命的大道跨一步的表现，这里面就是有自觉的意思了。所以说，《关雎》这篇，也就是《诗经》一开首即以人的情感为主，以人的情感能合乎中道为主。"乐而不淫，哀而不伤"强调的是中道。所以孔子举《关雎》来指点人心哀乐之正。

这句话也就是说，孔子说《关雎》这一章的诗篇，有欢乐但不至于过分，有哀伤但也不至于伤了人的生生之本。人能够使其情感成为人生命的推动力量，人若没有情感，则不能好好地展现自己内心的快乐；可是人的情感过分发展，它也会促使人们的内心世界失去中道，失去平衡。人们要寻找这份情感最适当的地方，这是我们走向最愉悦、享有生命大道的关键处。

《里仁篇第四》4.2

子曰："不仁者，不可以久处约，不可以长处乐。
仁者安仁，知者利仁。"

　　"不仁者，不可以久处约，不可以长处乐。""仁"，孔子讲为
"爱人"。什么是爱人呢？我想我们很容易忽略过去，因为爱人这一
词太简单了，人人会说，人人都以为懂了。实际上，我们就生活而
言，人们在爱人这件事上其实有很多的不顺遂，也有很多的挫折。
这是什么原因呢？因为人人渴望爱，人人渴望爱人，可是人人并不
见得就爱得得当。而爱人呢，就是达成对人的爱，完成对人的爱。
而如何才能达成、完成对人的爱呢？
　　孔子说"己所不欲，勿施于人"，这就是说，在我们自我生命
的觉醒中，我们在自我认识的这一点看见了自己有构成自己的那一
个底线。因为这个底线，我们才真正完成了我们自己，成为真正的
自己。孔子说"觚不觚，觚哉？觚哉？""觚"就是春秋以前的一种
酒杯，它四面都有棱角，它的造型就是以棱角作为最强烈地凸显自
己的酒杯特点。所以孔子以此为例，觚要是没有了觚的棱角，"觚
哉？觚哉？"它还是个觚吗？它还是我们所说的那个觚吗？换句话
说，每个人之所以成为自己，他一定有自己性格的特殊性，这个性
格的特殊性就是人成为自己个性的底线。这个底线很难移动，即使
有的人相爱，在激情之中如果互相碰撞到底线，基本上他们也就无
法再爱下去了。所以了解了这一点，了解了自己有自己的这个底线，

了解了人人都有他成为自己个性的那个底线，而后我们就能够在自我意识中不去干扰别人，不去碰撞、冲撞别人的那个个性底线，尤其是自己所爱的人。这里不仅是对所爱的人、对人有了了解，同时也进一步地说明，爱是从尊重、从理解、从体贴、从关怀入手的。

《论语》一开始就说"学而时习之"。这个"学"就是"觉"的意思。而"仁"也就是人自我觉醒的一个圆满境界。这个圆满境界中除了觉，还充满了对人的理解而产生的爱、产生的关怀、产生的体贴、产生的尊重。有了这个，我们才可能达到一个真正能自在、能坚定的自我。所以，当我们没有这份自觉，没有达到这份自觉的高度，这就叫作"不仁者"。

"不可以久处约"，"不可"是不能，"久"是长久，"处"是居处，"约"是困顿。"不可以久处约"就是无法长久地居处在困顿之中。"不可以长处乐"就是他也没有能力长处在快乐、安好的环境里。"乐"就是快乐、安好，也可以说是顺利、成功的环境里。"不可以久处约"，我们容易理解，当生命没有觉醒，没有到达一个圆满觉醒的程度上，他一切都依照生物性的本能，在争取自我生存的最大可能的情境和情绪下活着。所以这样的人长久待在困顿之中，他一定为非作歹，一定依着本能按照生存的需要，不择手段，全力以赴，希望能够脱困，以求生存下去。不过，同样地，在没有自我生命觉醒的高度，他也一样没有能力去安享他的快乐，他的成就，他的一切的顺利，他一切成功的这份成就。为什么？因为他同样只在生存层面获得满足，而没有真正意会到这份成功得来不易；或者即使看到这是一种幸运，但不明白这种幸运是何其不易啊，相对于整个人类，一个人能有幸运是多么不容易的事情，多么该珍惜的事情。这种思考、理解就是在日常生活里自我觉醒的一个最重要的表现。如此久了，一定怠惰、骄傲、放任，以至于我们用一个最通俗的说法，一手好牌打到最后也成了一手坏牌，成功就成为他失败的起点。也因此，人如果没有觉醒，没有达到觉醒的高度，不可以久处约，不可以长处乐，这是就能力而言。

"仁者安仁，知者利仁"，"仁者"，一个达到了自觉高度的人。"安仁"是安于仁道，能够长久稳定地居处在仁道上。"知者利仁"，"知者"的"知"念"智"。"知者"指什么而言呢？请注意，不是一般的聪明人，而是真正有智慧的人，他一定"利仁"。什么是"利仁"？就是行有利于仁道的事。

这句话也就是说，没有觉醒，没有圆满的生命自觉者，他是没有能力长久处在困顿之中的；同样地，没有觉醒，没有圆满觉醒的人，他也没有能力长期处在安乐的环境里。要知道，一个有了圆满的生命自觉者，懂得了那份生命的爱，他一定会安稳地居处在这一份圆满的自觉上。而有聪明智慧的人懂得了自觉的好处，他一定会行走在有利于仁道的自觉道路上。

这里孔子提醒我们，一个没有自觉者，一个依自己生命本能、按生物生存去争取、追求自己生存的最大可能性的人，他的生命本身仍会充满了各种矛盾、焦躁不安，各种躁动和焦虑，不论什么环境，好或坏，其实他都没有办法好好地处理或生活下去。真正的圆满觉醒才能化苦难为快乐，这是生命的真谛。

《里仁篇第四》4.5

子曰："富与贵，是人之所欲也，不以其道得之，
不处也。贫与贱，是人之所恶也，不以其道得之，
不去也。君子去仁，恶乎成名？君子无终食之间违
仁，造次必于是，颠沛必于是。"

"富与贵，是人之所欲也，不以其道得之，不处也。""富与贵"，"富"指财富而言，"贵"指有地位而言。"是人之所欲也"的"是"就是这个的意思，指富与贵。"人之所欲也"的"人"指人人，所有的人。"所欲"，所想要的。"欲"是想要。"是人之所欲也"，是人所想要的。

每一个人都希望富与贵。或许有人问，孔子要富与贵吗？也一样地要。不过重点在，"不以其道得之"，"不以"就是不用；"其"，指称词，那个；"道"，正当的方式。不以正当的方式得之，因此而得到，这个"之"指富与贵，则"不处"。"不处"就是不居，绝对不居，不去享有它。

"贫与贱，是人之所恶也，不以其道得之，不去也。""贫"是相反于富，指没有钱。"贱"相反于贵，指地位卑微，地位卑下。"是人之所恶"，这是人人所厌恶的。"恶"就是厌恶，人人所厌恶、讨厌的。"不以其道"，如果不以正当的手法；"得之"，摆脱了贫穷；"不去"，不离开它。换句话说，贫与贱虽然人人所恶，"不以其道"，不用正当的手法，（君子）也不轻易地离开。换言之，要离

开，一定以其道去之。

"君子去仁，恶乎成名？""君子去仁"是说一个君子，一个高度自觉的君子，有所退转而离开了仁道，这个圆满觉醒之道。"恶乎成名？""恶"当"何"字讲。"恶乎"，如何啊。如何去完成君子之名？这个"成名"是完成，是成就，如何去成就、完成一个高度圆满自觉者的这个名声呢？我们这里讲的名声不是一般的社会名声，而是君子之名，君子的这个称谓。因为高度圆满的自觉者，孔子称之为君子。如果退转，如何完成这君子之名呢？

"君子无终食之间违仁，造次必于是，颠沛必于是。""君子无终食之间违仁"，"终食"是一顿饭的时间。"无终食"就是没有一顿饭的时间。"终食"，以一顿饭来作时间的长度，表示极其短暂。作为一个君子，连在吃一顿饭这么短暂的时间中都不会"违仁"，离开仁道；即使在吃饭，也都在仁道上，也都在生命的高度的自觉之中。"造次必于是"，"造次"是仓促，是匆忙，仓促匆忙的时候。有的时候我们很急，想解决一个问题，或者那个问题极其危急，我们要快速解决，都不会离开仁道。"必于是"，必然于此。"于"是"在"。"是"是"此"。必然在此上，这个"此"也就是在仁道之上，必然在仁道之上。换句话说，若生命完全觉醒了，我们不会再从生命觉醒中退转出来，我们能够安于这生命的觉醒之上，以为我们生命开展的最重要的凭借。"颠沛"，也就是颠簸困顿的时候，或者我们在流离失所最困顿的时候，"必于是"，也一定在这生命自觉的道路上。最后这两句，"造次必于是，颠沛必于是"，表明我们在生命的高度自觉之中，他的坚定性，甚至于他的稳定性，不再退转了。

所以这句话的意思是，孔子说，富与贵，是每一个人都想要的，但不用正当的手法，得到了，也不去享有它；贫和贱，是每一个人都厌恶的，但是不用正当的手法摆脱，也不抛弃它。因为一个高度生命的自觉者，离开了高度生命自觉的仁道，又怎么能称得上是一个君子呢？作为一个君子，即使在一顿饭的短短时间之内，都不会离开仁道，离开这个高度生命的自觉。甚至在最仓促、急迫的时间中、状况里，也都守得住仁道；在颠沛流离的困顿之中，同样也会和仁道在一起。

　　最近看到一本书，这本书的重点在讲述战争时期民众的流离失所，特别有一段是描述校长、老师带着学生逃难，逃战争，逃日本人的追击，等等。它说，每个学生都带着一个小板凳，再带着一个小破布包，里面放了点简陋的衣服，此外就是书本。师生们逃到一个可以歇息的地方，就找一棵树，大家坐在树阴下，拿出课本，大声地朗诵。他们到底是一种什么样的心情呢？孩子们也就算了，可是这些老师、这些校长，他们是一种什么样的心情呢？在这种颠沛流离，在这种造次的匆迫之中，他们何以还要如此？这是怎么回事？其实，答案就是孔子所说的这一句，真正懂得生命的自觉之后，那种对生命真正的珍惜，而后了解到知识的重要性。即使在这样的战乱中，在这样的颠沛流离之中，校长、老师也不放弃他们的责任，为国家未来、战后储才所做的全力以赴的工作，绝对不会因为在这样的颠沛流离里、在这种匆迫的状况中就停止。

　　中国文化之所以能久，所以能大，所以能够从衰弱中再起，其实也就是已经将孔子所说的这种生命的觉醒，融为自己生命中潜藏的最大力量，也成为我们所谓DNA（脱氧核糖核酸）的一份因素。

所以这一句话告诉我们，当你真的觉醒的时候，你能感受到一种因觉醒所带来的生命的享有，还有真正自我的存在感，这不是来自全力以赴地以本能争取所得到的那种感受，我们来做比较，那种感受其实是一时的，唯有真正的觉醒，这种存在感，这种生命的意义感才永不退转。

《里仁篇第四》4.8

子曰："朝闻道，夕死可矣！"

"朝闻道"，"朝"就是早晨。"闻"是闻问。这里有两层意思，第一层是听到，第二层是明白。闻问，是听到而且明白了，完全明白了。"道"是指真理，当然也就是指生命的真谛，在觉醒后懂得、了悟生命的真谛。这个生命真谛、生命真理，当然也就是我们曾经说的，人要自觉到自己是人。

大家说到人，都是说"人就是动物"。实际上，人比一般动物复杂。因为人至少有双重性，人一方面是生物，有他基本的生物性，他需要本能的满足，他通常在争生存而寻求生存的满足，而这个生存的满足，就是一个生物直接反应——需要活下去，生存下去。生物天生有着强大、强烈的求存欲望，在心理学上称"自存的冲动"，不需要思考，是直接反应，一种本能性的表现，人在这种生物性中全力以赴求存。

但是另一方面，人又有觉醒，也就是"自我意识"。西方近代人本心理学上，甚至新的脑神经科学上，发现人脑的皮质层具有这样的一种特定的脑细胞，它们称为"镜像神经元"。这个镜像神经元使人在动物群中，是一种能够自我认识、认识自己的生物。也就是说，当到了水边，到了镜子前面，我们看到镜子里的自己，看到水里的自己，我们会知道这就是自己。这是自我认识、认识自己的反应，而这来自我们脑神经中的镜像神经元。所以人类在最古老的年代，只要有文明的开始，就会说"认识你自己"。在古老的几千年前的埃及，在三千年前、两千五百年前的希腊，都有这样的碑文。

近代人本心理学家和脑神经科学家就说，这是只有人才有的意识思维、意识认知。当人开展了自我意识，有了自我认识、生命认识，就会自然地超脱出生物本能的控制，而去主导自己的生命，让自己选择自己要发展的生命，同时全力以赴以达成自我的完成、自我的创造。

如同近代西方人本心理学的大师马斯洛所说，在人基本的生物本能满足之后，人走向更高的心智发展，让自己的精神能够开展出来，走向自我实现、自我完成、自我创造的生命之路。而这才是人以及作为人自己真正生命的开始。这也就是人脱开生物本能的局限，有了自己的生命，所谓"真实的生命""自由的生命"的开始。这个"自由"指不再受限于生物性的控制。

而孔子也就在这样的一种"人"的特殊性下，提出"学而时习之"，也就是来说明人在特有的觉醒之下，而后开展出人自身特有的生命性，同时达到觉醒的圆满，也就是仁道的完成。这个仁道的完成有爱，有觉醒，有圆满，他能完成对人的爱。我们说，当所有的世界圣人都表达对人类的爱和实践爱的努力时，我们可以说，这就是达成对人爱的一种表现，而这一切也就是从生命的觉醒开始。

所以当我们早上真正明白了仁道，那个为人之道，有了自己真实的生命展现，"夕死可矣"。"夕"是到了夜晚。到了夜晚，走向死亡，失去了生命，"可矣"，这是可以的。这里面包含没有遗憾，这是可以的，这也就没有遗憾了。为什么呢？因为有了真正的生命觉悟，才会真正知道我活过了，我的生命真的从这里开展了，我真的享有我自己的生命了。

不然的话，我们基本上是有一些自我意识又不全然地发展，而后又在本能的那份满足上拉扯着。所以我们常常说，人生如梦、人生如戏，而我们实际的生活如同醉生梦死、行尸走肉一般。所以在佛学上说，现实的人生"如梦幻泡影，如露亦如电"。这句话和孔子说的"朝闻道，夕死可矣"，有异曲同工之妙。所谓"异曲同工之妙"的妙处，在于儒家、佛家都发现，人的生活，如果只是一味地依照人的生存本能，根据人的感觉所发展、所认知的状态，以为这就是真实的人生，那这就是如佛家说的"如梦幻泡影"，一切无常。

所以人的痛苦是误以为这些无常是真实的，是永恒的，是绝对的。所以人拼命地要去掌握、占有、抢夺，如此带来了种种痛苦。其实在这些占有、抢夺、全面控制的过程里，我们所得到的只是我们来自感觉的真实，其实这份真实感会随着时间而消散，它并不是真的"真实"。所以人的现实人生就被形容为"如梦幻泡影"，"如露亦如电"。

至于儒家则提出，当我们有了生命自觉，就会了解到感觉、直觉所带来的认知不够真实，它只是一时的现象、一种短暂的呈现而已。那么如何建构自己最真实的自我与自我认知呢？

儒家透过生命自觉的要求，先认识真正的自己，一切都由真实的自己、真实的性情、真实的好恶、真实的喜怒哀乐，发展出真实的自我。由此"自我"认知，使人生有基本的真实性，使自己真的享有真实的生命，这时候我们感受到自己是"真实"地活着，生命不再有遗憾。这就是"朝闻道，夕死可矣"的意思了。这句话是孔子用来比喻真实人生的拥有。

生命的真实是儒家和佛家所共同追寻的。拥有真实的生命，生命就没有遗憾，人才算是真正地活过了。这是儒、佛两家"异曲同工"之妙处。

当我们真的觉醒了，真的享有我们最真实的生命了，我们真的可以脱开生物性的那份本能冲动的局限和那份生物的恐惧，我们就得到自由，享有了真实的人的生命。当我们懂得这一点，早上完全明白了这个生命的真谛，到了夜晚去世也都没有遗憾了。所以孔子在这里提出了人的生命的两个层次：第一个层次，我们就是被生物"自存冲动"拖着活；第二个层次，我们真的享有了自己的生命了。当我们真的享有了自己生命的时候，这个生命本身不在活得长短，而在我们懂得、享有、完全拥有，所以他用"朝闻道，夕死可矣"来形容。

《里仁篇第四》4.17

子曰:"见贤思齐焉,见不贤而内自省也。"

"见贤思齐焉",这个"见"就是见到、遇见。"贤"是贤德之人。"思齐"的"思"是想要。"齐"是齐等、齐平。"思齐"就是想要和他一般,也就是一样。"见贤思齐"就是当我们遇见贤德的人,就要去想向他学习,和他一样,向他看齐。

"见不贤而内自省也",见到不贤的人,我们就要由内心去做深刻的反省。"而"就是就的意思。"内自省"强调一个"内"字,就是要在自我内心做更深沉的反省。

这两个句子之间有它的进展性。看到贤德的人,我们就要想,如何向他学习,而后和他一样的好。这不是竞争,而是和他一样达到那样的好,那样的高度。看到没有贤德的人,我们内心就要去深刻地反省,我们会不会有这种人的毛病在自己的身上。所以我说,这一句有这样的进展性。

这句话的意思就是说,孔子说遇到有贤德的人,甚至是有贤能的人,我们就要想想,如何向他学习,和他一样;遇见没有贤德的、没有贤能的人,我们要从自己最深刻的内心去做反省,我们和他是不是一样,是不是有着他的毛病。这是指人的自我生命觉醒之后,在走向自我实现、自我开展以至于自我创造的过程中,我们走向一条宽广的自我生命完成的道路。

自我的人格,在这个过程中,得能分辨贤与不贤,这个很重要。

这也就是孔子说的"泛爱众，而亲仁"，"就有道而正焉"，能向贤德的人学习，以至于"三人行，必有我师焉。择其善者而从之，其不善者而改之"，都是生命成长中一种重要的学习方式。人的学习得有一种典范作为我们学习的榜样。西方人常常认为，我们必须做英雄，必须无中生有做创造。可是在中国，我们认为在人格发展的这个过程里得有历史圣贤的典范，这是我们成长重要的凭借。重点就在于，我们有没有能力分辨贤与不贤，同时我们要能够更深刻地反省，看看自己有没有那些不贤者的毛病。通常这些不贤者所犯的毛病是缺少真正生命自觉的部分，而我们透过他们深沉反省自我。

《里仁篇第四》4.24

子曰："君子欲讷于言，而敏于行。"

"君子欲讷于言"的"欲"是要的意思。"讷于言"可以作"于言讷"。"于言"就是在语言上。"讷"就是言语的迟钝或者迟缓。"讷于言"也就是说话要慎重，要谨慎，要迟钝些，甚至要迟缓些，说得慢一点。我们也可以这么说，说话不要只想求快，或者只想快人快语、说得快捷、不得了的利落，因为这样有的时候是思虑不周。"而敏于行"的"而"是指"但是"。"敏于行"可以作为"于行敏"，在行上要敏捷，在行动上敏捷一些。也就是在做事上要勤快一些，而在说话上要迟缓、迟钝一些。

这句话是说，一个君子，在言语上要慎重、迟缓、迟钝，在做事上则应当敏捷、勤快。这句话和《学而篇》里的"敏于事而慎于言"的意思差不多，都是提醒、教导人们当锻炼自己的实践力、实行力，而不要只求言语的快捷。言语的快捷容易让人流于浮夸，甚至过度的自我夸张。我们说话的时候，要能有意识地使之迟缓、迟钝，如此我们在说话时的思虑上都能够照顾到周遭的一切，以及我们说话所指涉的事件它本身内在的需要。这样，我们会愈趋周到、明晰，不至于忽略了周遭各种状况，这是自我意识开展的一种重要训练，这也是古人认为说话要学习、要下功夫的地方。我们如何在自觉后协助自己走向更完整的自我意识的开展，那么说话的慎重和周到是其中重要的课程。因为，通常有的时候，人忍不住会借着说话以求自我的满足，而这常常不能促成我们思虑、意识上的周详，反而会让我们迟缓于自觉的道路上。

《公冶长篇第五》5.15

子贡问曰:"孔文子,何以谓之文也?"子曰:"敏
而好学,不耻下问,是以谓之文也。"

子贡向孔子问道:"孔文子,何以谓之文也?"孔文子是卫国的大夫,名圉。依《左传》所记载的事情来说,他的私德并不完整,有缺。所以子贡会有这样的一个问题提出,他何以谥号可以叫作"文"呢?"何以"就是"以何"。"以"是凭。"何"是什么。子贡这么问的第二个意思,因为"文"在古代是非常好的名字,就好像"圣"一般。所以称谥叫作"文"是一种极高的尊重。那么凭什么呢?他凭什么可以以"文"作为谥号呢?

"子曰:'敏而好学,不耻下问,是以谓之文也。'""子曰",孔子回答。"敏而好学","敏"是快捷、敏捷、快速的意思。这个"敏"是指做事非常勤勉、勤快、敏捷,也就是他不逃避工作的责任,而且勇于承担这个责任。"好学"也是指爱学问,他爱学问,就包含着他的自我觉醒性了。"不耻下问","下问"的意思是能够问于不如自己的人。我们说"以能问于不能,以多问于寡",还有问于职位比自己低的人。"不耻",不觉得羞耻。也就是他以有能力请教没能力的人,以有学问请教没有他有学问的人,同时还向职位低的人做求教的工作。孔子就以此说,孔文子因在这些方面的表现获得了"文"这个称号。"是以谓之文也。""是以"就是所以、因此。因此就被称谥为"文"了。

这句话的意思也就是，子贡向孔子问道，孔文子凭什么可以得到"文"这样的谥号啊？孔子回答他说，孔文子在做事上勤劳、敏捷，勇于承担，并且爱好学问，能有所自觉；同时，他问及能力不如他的人，在学问上没有他丰富的人，甚至于还问及职位比他低的人，并且不以此为耻。因此他死后就能得到"文"这个谥号了。

在这段孔子对孔文子的介绍中，其实我们可以看见，孔文子在自我生命觉醒的表现里，呈现了他非常重要的平等观念，尤其是在不耻下问这点上，表现了他内心何等的坦然。

《公冶长篇第五》5.16

子谓子产："有君子之道四焉：其行己也恭，其事
上也敬，其养民也惠，其使民也义。"

"子谓子产"的"谓"字作评论解。子产是春秋时郑国的大夫，姓公孙，名侨，郑国的一个重要贤相，也是春秋时期一位杰出的政治家和外交家。

"有君子之道"指有合乎君子之道的行为表现。"四焉"，"四"是四个项目，四种行为表现。"焉"是语助词。而君子之道，也就是一个高度生命自觉者的表现。

"其行己也恭"中的"其"指子产。"行己"也就是"己行"，自己在做人上、待人接物上的行动、行为表现，也就是平日里郑子产自己做人的表现。"恭"是自重、庄重，也可以说是谦恭自重。

"其事上也敬"，"事上"的"事"是侍奉的意思。"上"是指君上。这是指做事而言，为什么是做事呢？因为君上就是指国君、社会，"事上"就是为君上、为国家做事。"敬"就是专心一致，认认真真。子产在做公家的事情时是专心一致，认认真真。

"其养民也惠"，"养民"的"养"是教养、护养。"民"指人民。"惠"指恩惠。古人说"爱利人"，就是爱人而能有利于人，换句话说，能带给人民实际生活的利益。

"其使民也义"，"使民"就是使用民力。古时人民为国家有为期三天的服务劳动。在使用民力的时候，能"义"。"义"，宜也，

就是合宜。也就是说能够适当地使用人民为国家做事。而这个合宜，直接说就是法度，一切不会混乱，一切都在适当的法度之中。

这句话的意思是说，孔子评论郑国的贤臣郑子产在行为表现上有四项完全合乎君子之道。这四项表现是：一、郑子产在平日待人接物上非常地谦恭自重，对自我是有要求的；二、他在为公家做事的时候，非常专心一致，认认真真地将事情做好；三、他在做大臣时能负起教养、护养人民的责任，会带给人民实际的生活利益，让人民生活得好；四、他使用民力、动员人民为国家做事，在时间上都非常适当，不耽误人民工作、生产的时间。

我们看子产所行的恭、敬、惠、义，其实真的是充分表现出子产在自我觉醒的修己和做事上，以及在治理政治、带动人民上的这份用心和智慧。我们就说，这就是当生命自觉后，人的智慧在做事能力上的高度表现。他是一个称职的国家贤臣，所以孔子以君子之道赞美他。

《公冶长篇第五》5.26

颜渊、季路侍。子曰："盍各言尔志？"子路曰："愿车马、衣轻裘，与朋友共，敝之而无憾。"颜渊曰："愿无伐善，无施劳。"子路曰："愿闻子之志。"子曰："老者安之，朋友信之，少者怀之。"

"颜渊、季路侍。"颜渊就是颜回，孔子晚年的弟子。季路就是子路，他只比孔子小九岁。"侍"是立侍，站在那里侍候着。我们或许可以先这么说，这个"侍"也是陪侍，也就是陪伴在那里照顾着。《论语》中有的时候用一个"侍"字，有的时候会讲"侍侧"，有的时候会用"侍坐"，就是孔子坐着，大家坐着，然后照顾孔子、侍候孔子。这里只用了一个"侍"，表示是立侍，站在那里陪侍，这代表孔子坐着，颜渊、子路站在那里陪侍着，陪在孔子旁边。

"子曰：'盍各言尔志？'""盍"是何不。"各"是各自。"言"是说说，谈谈。"尔"是你们。"志"就是内心的志向。

"子路曰：'愿车马，衣轻裘，与朋友共，敝之而无憾。'""愿"是愿意。"车马"是指自己所用的车子和马。"衣轻裘"古人都说这是"衣裘"，"轻"是多出来的字，可以拿掉。"衣"作动词，就是穿。"裘"作皮袍解，是好衣服。"与朋友共"的"共"是共享。"与朋友共"就是和朋友们共享——这些车马、这些皮袍、好衣服。"敝之而无憾"，"敝"是破旧了、坏了。"无憾"，没有遗憾。子路愿意把他的车马、好衣服拿出来与朋友共享，即使是用旧、用坏了，也没有任何遗憾。

"颜渊曰:'愿无伐善,无施劳。'""愿无伐善"的"伐"是夸耀、夸张。"善"指自己的好处,自己的优点,包括自己的才华。"无伐善"就是不夸耀自己的好处。"无施劳"的"施"是彰显,或者张大。"劳"是功劳。"无施劳"就是不彰显、不夸耀自己的功劳。

"子路曰:'愿闻子之志。'""愿"是希望。"闻"就是听一听。"子"就是您。"之"指"的"。"志"是志向。子路说,希望听听老师您的志向。

"子曰:'老者安之,朋友信之,少者怀之。'""老者安之"的"老者"就是老年人。"安"是安养,安乐奉养。"朋友信之","信之"是以信实相交往,能以信实相互交往成为朋友。"少者怀之"的"少"指少年人,年幼的人。"怀"就是关怀、爱护。也就是希望少年人得到真正的关怀和照顾。

这段话就是说,有一天,孔子坐在那,颜渊、子路陪侍站立在孔子的旁边。孔子说:"你们何不各自说说自己的心志啊,自己内心的志向啊。"子路于是抢先着说:"我愿意把自己所用的车马还有好衣服、皮袍拿出来和志同道合的朋友们共同享用,即使用坏了、破旧了,都没有遗憾。"

颜渊接着开口说:"我希望自己能够不夸耀自己的好处和优点,同时也能不彰显自己的功劳。"

而后子路接着说:"我们也希望听听老师您的志向啊。"孔子于是说:"我希望这世上老年的人都能获得安定、快乐的奉养,朋友们都能以信实相互地交往,至于少年的孩子们,我希望他们能获得真正的爱护和关怀。"

孔子理想的提出，其实等同于是一个理想社会的完成。传统中国讲大同世界，这是建设大同世界最重要的核心元素了。

《雍也篇第六》6.2

哀公问："弟子孰为好学?"孔子对曰："有颜回者
好学,不迁怒,不贰过。不幸短命死矣。今也则
亡,未闻好学者也。"

　　"哀公问:'弟子孰为好学?'""哀公",就是鲁哀公。"问",就
是问于孔子,向孔子问道。"弟子"就是学生,指孔子的学生。"孰"
就是谁。"为"就是是。"好学"就是最用功、最好学、最喜欢学习。

　　我们曾说,孔子的"学"一定包含着觉醒的意思,一个生命的
自我自觉。它不是只有知识的学习,或者技术上的学习,也就是我
们今天一般的学习;而是带着自我生命觉醒的一种学习。它可以不
单单只是自我觉醒的学习,而是在知识的学习、技术的学习中,含
藏着自我生命的觉醒性。

　　鲁哀公这么一问,可以说是问孔子你的学生中谁最具有觉醒
性? 孔子不断地呼吁人的生命的觉醒。

　　"孔子对曰:'有颜回者好学,不迁怒,不贰过。不幸短命死
矣。'"因为前面具有觉醒性的这个部分,所以孔子以"不迁怒,不
贰过"回答。

　　在许多现代人的注解本上,常常会觉得孔子文不对题,问用功
读书,怎么会说"不迁怒,不贰过"呢? 他们认为孔子不重视知识,
只重视德行,因此影响中国现代知识性的发展,最后德行衰败,中
国就一无所有了。

是以在这种情境下，我们要特别地提出"学"。《论语》一开始的《学而篇》"学而时习之"就包含着生命的觉醒。因为唯有生命的觉醒，才可能有学习的发展。

"孔子对曰"，"对曰"是古礼，回答长上、回答君上，在文字上要加一个"对"字，表达一种敬意、一种尊重。这不是专制集权的表现，而是对人敬重的表现，是一种礼敬，是古人表达敬意的敬辞。今天在日本、在韩国的语言中都还保留了这些敬辞的部分；即使是西方欧美，也都还有类似的习俗，这是人类文明的象征。

"有颜回者"，孔子回答说有一个叫颜回的，他最好学，最具有觉醒性。觉醒到什么程度呢？"不迁怒"这个"迁"字是转移。"不迁怒"就是不把对甲的怒气转移到乙的身上去。其次，"不贰过"，"贰"是重复的意思。"不贰过"，不重复犯同样的错误。"不幸短命死矣"，古人是以七十岁以上死叫作享天年，父母在就去世了叫作短命。颜渊是孔子晚年的学生，古书《春秋公羊传》说，颜渊死于鲁哀公十四年，即公元前481年，当时孔子七十一岁。依《史记》的《仲尼弟子列传》，颜渊少于孔子三十岁，死的时候四十一岁。不过也有的古书上说，颜渊小孔子四十岁，死的时候才三十一岁，那就更早了。这是孔子发出"不幸短命死矣"感叹的原因。

"今也则亡，未闻好学者也。""今也"就是现在啊。"也"，语中助词，就是"啊"。"今"就是目前、当前。特别请老师们注意，"也"这些虚词是一种表情词，不要忽略了它。"则"是乃。"亡"就是无，音无。"未闻好学者也。""未闻"就是没有听到。这句话就是指目前还没有像颜回这样好学、好觉的人。

整段话的意思也就是说，当鲁哀公问孔子："你的学生中谁最好学，最具有觉醒力啊？"孔子回答说："有颜回，是最好学、最有觉醒力的人。他的自觉能力已经达到可以不把愤怒迁移发泄到别人的身上的程度，当他知道他犯了过错以后，有能力不重复犯同样的过错。只可惜他短命去世。目前则没有这样的学生了。至少到现在，我还没看到、听到像颜回这样有着生命高度自觉性的学生。"

《论语》的"学"有学习的意思，有觉醒的意思，有知识的意思。但这一句很清楚，学虽然含着一般学习的意思，但是所学的那个"学"中所展现出的成就，是生命自觉性的高度。孔子赞美颜回"不迁怒，不贰过"，这就是生命自觉性的高度表现。生命自觉性的高度表现，在现代心理学上，也就是自我意识的开展。当人的自我意识开展的时候，"人之心"，也就是"人之性"的部分不再受生物之心、生物之性的局限。颜回的成就就在这个"人之心""人之性"上。

《雍也篇第六》6.5

子曰："回也，其心三月不违仁，其余则日月至焉
而已矣。"

"回也，其心三月不违仁"中的"回"当然是指颜回。"其心三月不违仁"这个"其"就是指颜回。"心"是指颜回的觉悟性，这个"心"是在孟子言心之前。古人言心，包含孔子所谈之心，基本上都代表着人的认知的总作用，到孟子才更细腻，而这里包含着人的理性认知、感性认知，甚至还有直觉性认知。孔子提出人的觉醒性来说明人心的认知的总作用，这里的心偏重在觉醒性的心。"三月"是指较长的时间。古人以三、以九作为多数。三，古文有"一生二，二生三，三生万物"，三是多数的起点。九，十进制中九为极数，因为到九就变了，也因此是多数。"三月"不是指就三个月，而是指较长的时间。"不违仁"的"违"是离开、违背。"不违"，不离开，不违背。"仁"就是圆满的生命自觉。

我们知道，佛学上，佛是自觉、觉人、觉行圆满的代表。儒家的"仁"字同样具有觉行圆满的意思。只是佛家有他的发展；而儒家的"仁"，不要轻乎他作为一个重要的智慧的完成的意义。孔子在《论语》中提出了"仁"，就是指生命自觉圆满的完成。这圆满的完成在包含着高度的生命自觉、高度的自我意识开展之外，还包含了对人的爱有圆满的完成，也就是圆满完成了对人的爱。这是儒家孔子所提出自觉、觉人，己立、立人，己达、达人的觉行圆满。

颜回三月不违仁，就是指颜回在他生命的自觉上，能有较长的时间不离开仁道。

"其余则日月至焉而已矣。""其余"指除了颜回之外的学生。"日月"指较短的时间，或者一日或者一月。"至焉"的"至"就是到达。"焉"作语助词。"不违仁"就是"至焉"的引申。他们只有一日一月到达仁道，不违仁道。"而已矣"是叹词，指就这样啊。

这句话就是孔子赞美颜回在心的自觉开展上的高度表现。孔子说，颜回啊，他的心已经可以在较长的时间内保持在圆满的生命自觉之道上。至于其他学生，则只能或者一天或者一个月在短时间内可以不离开仁道，他们只能做到这一步啊。

颜回三月不违仁，正好回应前面那一句孔子赞美颜回的好学；指他内心的生命自觉性的开展，因此他能不迁怒、不贰过，属于德行修养的成果。其实任何德行的完成与表现，都是在生命自觉后的一种自然的成就。人有了生命的自觉，自会展现出道德行为。人的道德行为，是人生命自觉后一个最适当的生命展现。

《雍也篇第六》6.9

子曰："贤哉，回也！一箪食，一瓢饮，居陋巷，
人不堪其忧，回也不改其乐。贤哉，回也！"

    "贤哉，回也！""贤"是指贤良、贤德，是一种好的能力的表现，这种表现是来自内心生命高度的自觉性，他有了能力，自我调节而后一种好的总体性的展现。"哉"，叹词。"贤哉，回也！"也就是说，真是好啊，这个颜回。

    "一箪食，一瓢饮，居陋巷"中"一箪食"的"箪"字指竹器，用竹子编制的饭盒，是圆形的。"食"音四，指饭。一盒饭，装在用竹器编的容器里，代表非常简陋。"一瓢饮"的"瓢"就是用瓠瓜晒干了以后，再破成两半，做成水瓢，是舀水的器具。换句话说，颜渊吃的是用竹器装的一盒饭，渴了就拿水瓢打一瓢水喝，表示他的生活饮食非常简陋。"居陋巷"的"居"作"处"、作"住"或作"在"字讲，就是居住的意思。"陋"是简陋，穷陋。"巷"原本是指古人邻里间的小道小路，后来引申作为人所居的地方，甚至于指陋室，极简陋的居住的房屋也叫陋巷。

    "人不堪其忧，回也不改其乐。贤哉，回也！""人不堪其忧"的"堪"是承担、忍受。"不堪"，不能承担，无法忍受。"其"指那个。那个是什么？就是那种来自贫苦的忧愁。所以这个"忧"就是作忧愁讲，作烦恼讲。这里就是指因生活的贫困带来的忧愁和烦恼。可是"回也不改其乐"，颜回啊，却不改变那份快乐。"不改"是不

改变。"乐"是指快乐。这也就是指，颜回在生命的高度自觉之后，能真正地享有来自生命本身的那份喜乐。

这份喜乐，简单说：活着，就是上天的赐予。甚至我们说：活着，这个生命本身，就是宇宙间最重要的创造，最重要的奇迹，也就是给予宇宙间最大的恩典。这份生命的悦乐，也就是孔子之学，甚至是儒家、道家所传承的最重要的传统中国文化的中心所在。中国传统文化学术思想，包括生命观、生死观，它与世界所有其他文化学术生命观、生死观最大的不同就是，生命本身就是喜乐的展现。简单地说，活着就是件好事。这是传统中国文化的特质，是世界其他文化所没有的。而它从什么地方来？就是从生命的自觉来。当生命自觉后，就能拥有这份生命的喜乐，乃至对生命真正认知后所享有的生命的喜乐。

颜回之乐也就是孔子之乐。北宋理学家开山大师周濂溪教导程明道、程伊川兄弟读书，就叫他们两个去寻找"孔颜乐处"。孔子、颜回到底乐个什么劲儿，何以如此的乐？而这一句也就是展现出颜回得了孔子的心传，也因而孔子视他为自己生命之学的传人，以至于他的死，对孔子是一件极伤心的事。

这一句也就是说，孔子讲，颜回啊，真是一个贤良的人啊。他在生活上，饿了就只吃一盒饭，渴了就舀一瓢水喝一喝，他居住在穷陋的居室之中，一般人对于这样的生活觉得苦不堪言，无法忍受，可是颜回却完全不丧失掉他在生命自觉之后所享有的那一份生命的悦乐。颜回啊，真是一位对生命有着体会的贤人啊。

《雍也篇第六》6.16

子曰："质胜文则野，文胜质则史。文质彬彬，然后君子。"

"质胜文则野"，"质"原本是作本质讲，在这里可以解作朴质、质朴，也就是一个保有本质的朴素的状态，这指人的内在内心世界。"胜"是超越。"文"是文采，是外表的华饰，这里指有某种仪式性的表现，或者仪态性的表现。"则"是乃。"野"是粗野、粗鲁，或者说粗鄙。古人说这是乡野之人，也就是说，一个人如果是只有内心保有了朴质性，而这个朴质性超过了外在仪容的文采，那就会像乡野之人一样，表现得有些粗鲁了。所谓野人，不是单指乡下人，而是在古人的社会结构下，不在城里，也不在村子里，而是在村子以外的那些原野上的人。这些人在文化教养上有所不足，比较起城里的人，被称为"野人"。这里请特别注意，这不是阶级的划分，而是文化的区别。

"文胜质则史"，"史"指的是掌管官府文书的文书员，或者是担任宗庙里的祝史，这个祝，就是我们所说的司仪；史，指的就是记录员。他们都重视外在的形式，或者有着华丽而完美的仪式，或者重视文书抄写的形式。所以当一个人的外在文采以及他的华丽的仪态超过了他内在的本质，那就会像衙门里的文书员或是宗庙里的司仪和记录员。

"文质彬彬，然后君子。""彬彬"是指物虽然相杂，可是在相杂中都正好到达适当匀称的状态。"文质彬彬",指外在文采的仪式和内在朴素的内心搭配得非常均匀适当。"然后君子",而后才能成为君子。

这句话是说,孔子说,当一个人的内心保有了那一份原有的朴质,可是缺乏外在的仪容仪态,这就会像是乡野里的野人,表现得有些粗鲁、粗野了;可是当外表的仪容、仪采超过了人内心的本质,那就会像宗庙里的祝史或者官衙里的文书员,只有形式而失去了内涵。只有在外在的仪容、仪采和内在的实质性搭配得非常匀称适当之后,才能称得上是一个彬彬的君子了。

我们曾经说过君子,孔子在《学而篇》的第一章说:"人不知而不愠,不亦君子乎?"这句话赋予了君子新的意义。他不再只是贵族,不再只是国君,而是一个心灵的高度生命自觉者,也是一个在生命自觉中可以自我完成的人。"文质彬彬,然后君子。""文"指的就是那种"诚于中而形于外"的适当的外在表现。"质"指的是内在的那一份本质性的生命自觉的展现。就在这样的生命自觉的过程中,确立了一个真实而完整的自我,同时他在外在事物的处理上,又能适当地展现出来,不仅是自己的外表,同时对于事物的处理都达到了适当的表现。如此既文雅又真实,就是一个彬彬的君子了。

《雍也篇第六》6.21

子曰："知者乐水，仁者乐山。知者动，仁者静。
知者乐，仁者寿。"

"知者乐水"这个"知者"指的是聪明人，不过，这里的聪明人包含着生命自觉后所产生出来的有智慧的聪明人，不是指一般的聪明人。一般的聪明偏重在生存、事务、技巧的争夺上。然而这里的聪明人是说，在生命自觉之后，所产生的生命智慧的聪明人。"乐水"这个"乐（音要）"字其实是"快乐"的"乐"字，不过作动词音"要"，是喜欢的意思，就是以水为乐，喜欢水，所以叫"乐水"。"知者乐水"，就是有着智慧的聪明人，他喜欢水，他偏向对水的爱好。为什么呢？古人说，水的流动是沿着自然的地理状态而行的，周流无滞，顺水而下，"盈科而后进"。这个"科"是地洞、地穴，即使有地洞、有地穴，它也将地洞地穴填满了以后，继续朝着它终极性的目的前进。所以说，知者沿理而行，他的聪明，那种生命的智慧，就是知道这个宇宙之天理，知者顺此天理而行。

"仁者乐山。"什么是"仁者"？"仁者"也就是达到了圆满的生命自觉者。"乐山"就是"乐于山"，以山为乐，他喜欢山。为什么呢？因为山厚重沉静，万物聚集生长在山上，它代表一种生生不息的状态，这也如同爱的滋长。是以仁者对山特有一份认同，一份爱好。

"知者动，仁者静。知者乐，仁者寿。""知者动"，"动"就是好动。好动什么？好动脑筋，同时善于进取，喜欢创造。有智慧的聪明人他会情不自禁地动脑筋，长于创造，以求发展与进步。至于仁者呢？"仁者静"，"静"是指心静。也就是生命自觉的圆满者，他的内心沉静，没有过多的思虑，因为他没有太多的欲望，一切恬淡沉静，所以说一个仁者厚重沉静。

"知者乐"，"乐"就是快乐。知者因为有智慧，有着一份积极的在生命智慧上的进取，不断地有创作有发展，他总活在那种快乐的创造之中。而仁者因为圆满自觉，心思平静恬淡，如此心神合一，足以养寿，所以长寿。

"知者乐水，仁者乐山"说明了仁者与知者在生命自觉后他的个性的展现；"知者动，仁者静"则是表明仁者与知者在生命的自觉后行为上的直接呈现；而"知者乐，仁者寿"则彰显仁者与知者的行为效能，是在生命觉醒之后的呈现。知者享有了自我生命创造的快乐，成为他生命的一种状态。而仁者作为一个圆满的生命自觉者，则在心神合一中达成了一种生命的健康，以至于能长寿，而享有了生命本身。.

所以从这里我们可以看到，孔子之学之所重，就在于生命自觉，在生命的自觉中他创造出另一种生态，而不再是我们在生物性上只求活下去的这一份挣扎和努力。请注意，知者和仁者不是截然不同，他是合一的，知者是在一个趋向仁者圆满自觉追求的过程中；而仁者是到达了圆满自觉的状态了。

《雍也篇第六》6.25

子曰："君子博学于文，约之以礼，亦可以弗畔矣夫！"

"君子博学于文，约之以礼"，"君子"就是指有着高度的生命自觉者。"博学"是指广博地学习。"于"就是在。"文"是指文献，同时也指由文献所发展的知识，而这个文献指的是《诗》《书》《礼》《乐》，还有一切典章制度、著作的义理。"君子博学于文"，一个生命高度的自觉者当广泛地学习《诗》《书》《礼》《乐》等所有文献的内容，以便求知识性的会通。

读书或学问，重要的是要有能力会通，会通才能够知晓其中的大义、真意所在。"约之以礼"，是"以礼约之"，"约"作精要讲，作约束讲，我们也可以合起来说，约束于最精要的地方。"之"指博学及博学的典籍、文献。"约之以礼"就是将广泛学习到的经典文献精要地归之于己，然后增加理解，并且躬身实践，包含做事，事务的完成。

古人说，"举凡格物，致知，诚意，正心，修身，齐家，治国，平天下"，一切的实际生活中的实务部分，都是在礼的实践范围。孔子赋予礼以适当、得体的意思。古人说："礼者，理也。"礼就是展现人类理性高度的表示，也就是一切道理、一切秩序的呈现，是人理性的展现。"礼者，体也。"这个"体"包含了完全的理解，同时也是对整体性的掌握。"礼者，履也。""履"是指实践、实行。我们所说的一步一个脚印，把你所学加以实践。"约之以礼"就是要能精要适当地以礼实践出来，这也就是要学者们能学以致用，而不要只做一个书呆子。

"亦可以弗畔矣夫！""亦"就是"也"。"可以"就是指能够。"弗畔"，"弗"就是不；"畔"是背叛、叛变，也有违背、背离的意思。这个背离的意思是背离什么呢？是背离人内心真正的觉悟、对人道的完成这件事。"矣夫"，语尾助词，作叹词用，在今天就是"啊"的意思。

这句话的意思是说，孔子说，一个有高度生命觉醒的君子人，要能够广博地学习《诗》《书》《礼》《乐》及一切优秀的典籍文献，以求会通，深知知识学问中之大义，深有所得之后，能精要地、适当地加以实践，在求学、做人、从政的一切实务上能够学以致用，这样就绝对不会背离了人道呀。换句话说，人道的完整，包含了这份生命觉醒后的知识学习，再加以实践于真实的人生之中，加以真正得当而且灵活地处理。

当人能够博约并进，文理兼修，就绝不会背离生命觉醒的大道，他会在这样一个修行的过程中，真正感受到自我生命力创造的发展，这种生命的喜乐是最快乐的事。孔子教学，博文与约礼其实是一体的，一致的，只是在专业学习中，强调要能逐步地求其渊博而会通。在今天说，跨领域的学习，要有能力就其大要躬身实践，并完成于实际生活之中。二者相辅相成，就是大智慧的展现，而这也就是君子之学了。

《雍也篇第六》6.28

子贡曰："如有博施于民而能济众，何如？可谓仁乎？"子曰："何事于仁！必也圣乎？尧舜其犹病诸！夫仁者，己欲立而立人，己欲达而达人。能近取譬，可谓仁之方也已。"

"如有博施于民而能济众，何如？""如有"是指如果有人。"博施于民"也就是"于民博施"，"于民"是指对人民。"博施"，"施"是给予，或者施与。"博施"，广博地给予，也就是施与人民以恩惠，给人民好处。"而能济众"的"而"是而且，同时间。"济"是救助。"众"是民众，也就是人民、大众。救助大众使民众生活得更好。"何如"就是如何，如此怎么样啊，这样的人如何啊。"可谓仁乎？"这样的人可以称得上仁者了吧？

"子曰：'何事于仁！必也圣乎？尧舜其犹病诸！'""何事于仁"指此事何止于仁。它的意思是说，这样的作为，这样的事情，何止是仁者的事啊。"必也圣乎？""必"是一定。"圣"是指圣人，不过这个"圣"字指的是有德有位之人，如同后面称的圣王。要知道仁者只是生命觉醒的圆满者，他并没有为政的地位，他只是一个有德无位的人。而要做博施济众的工作，是要有博施济众的那一份地位的，这是一个政治家、政治工作者的工作。能博施济众，当是有德有位的圣人了。所以孔子说，要做到博施济众，何止是仁者的工作啊。仁者没办法完成这样的工作，因为仁者只是有德而并没有位。

所以后面接着说，"尧舜其犹病诸！"这一个博施济众的工作，即使连尧舜他们还不一定做得圆满呢！

尧舜是上古时代的两位圣王，是孔子心目中的典范。"其犹病诸"的"其"是指应该。"犹"就是还的意思。"病"就是心力还有所不足。"诸"是语词，是之于的合音，是一个叹词，就是"啊"。我们从这里可见，仁者、仁道和博施济众之间是有差别的，是以下面孔子再接着讲仁之所可为者。

"夫仁者，己欲立而立人，己欲达而达人。""夫"，发语词。"夫仁者"，就是什么样的人是仁者呢？"己欲立而立人"，这个"己"是自己。"欲"是想要。"立"等同于"三十而立"的"立"，是生命确有所立了，在这确有所立中不退转了，不改变了，也就是在自身对自己生命的抉择上立下了志，这个志，有所得，而能够坚守在自己的这个抉择上。我们常说的，当生命自觉之后，能坚守在自己生命的确有所立的这一个立点。"己欲立而立人"就是当自己有所立了，看到别人也想有所立的时候，我们就去协助他，让他也能有所立。换句话说，自己想要在生命之道上能有所确立，同时也就去协助别人在他的生命上也能有所确立，这是一种生命自觉的经验交换，互相的协助，以达成一种生命的再认识。"己欲达而达人"，"达"是通达。"达人"的"达"是个动词，就是使人能有所达的意思。自己想要在生命之道上有所通达，同时便也协助别人，使他在生命之道上也能有所通达。

"能近取譬，可谓仁之方也已。""能近取譬"的"能"是指能够、可以。"近"是就近，指在身边大家能经验到的事。"取"是取得、取来。"譬"是譬喻，也就是拿来作为譬喻以说明，使大家明白。"可谓"就是指可以说是。"仁之方"就是行仁的方法。这个

"方"是方法，是方向。

这句话的意思就是，子贡问孔子说，如果有人能够对人民广博地给予恩德，又能够协助他们的生活过得很好，像这样的人做得如何，他可以称得上是一个仁者了吧？孔子听了就回答说："事情做到了这样的人，不仅仅是一个仁者了呀！这一定得是一个有德有位的圣王啊！得有圣王的这样一份职位，他才能行博施济众的工作。要知道博施济众的工作又是一种无限量无止境的工作啊。在历史上，圣王中的尧与舜，大概还都无法做得圆满，他们在心和力上可能都有所不足。至于所谓仁者，其实只要用恕道，也就是自己想要在生命的大道上有所确立，同时也就去帮助那些想要在生命大道上有所确立的人，让他们也能确立起来。自己若想要在生命大道上能有所通达，那也就去协助那些想要在生命大道上有所通达的人，使他们通达起来，这就可以了呀。再说，如果能从最切近我们大家共同生命经验的事物内，或者用自己的生命自觉的经验来做例子，来作比喻，为别人设想，然后提供说明，使别人能理解，这样的方式我们可以说是行仁的方法了。"

这一章我们看见，子贡行仁务求高远，他以为仁道是要在这样高远的地方才能达成。他向孔子请教，孔子加以调整，告诉他说，行仁就在我们自身生命觉醒之中，而后推己及人，并在我们人人可以共同理解感受得到的生活中举例，如此使人明白了悟，这就是行仁的最好方法了。仁就是从自我的觉醒中觉醒，进而再推己及人，协助他人能有所自觉的一个生命的善意的表达。

《述而篇第七》7.2

子曰："默而识之，学而不厌，诲人不倦，何有于
我哉？"

　　"默而识之"的"识"音至，是记得、记住的意思。"默"是不
言、不说话。"默而识之"就是把所见所闻都默记在心。"学而不厌，
诲人不倦"，"学"是学习，也是包含了觉醒的意思。"不厌"就是
不厌弃。"厌"就是厌弃、厌倦。"学而不厌"就是勤奋学习，努力
于生命自觉的道上，努力地觉醒，而不会厌弃。"诲人不倦"，"诲"
就是教导。"诲人"，指教导人，教育人。"不倦"的"倦"是疲倦、
倦怠。"诲人不倦"努力地教导人们而不会倦怠。"何有于我哉？"这
句可调为"于我何有哉？""于我"就是对于我来说，在我来说。"何
有"，古来都说"何难之有"，有什么困难呢。"哉"是叹词，就是
"啊"。"何有于我哉？"也就是这些对我而言会有什么难处呢？换句
话说，我就是这样的一种生活方式和态度呀。

　　这是孔子在自我意识、自我认识中清清楚楚知道自己所确立的
一种自我实现的方法。这句话是孔子的自述。他说，把所见所闻
的事物都默默地记在心里；同时勤奋地学习和反省，绝不厌弃；教
导学生则绝不倦怠，坚持做成这些事。对他而言不会有些什么困难
的呀！

《述而篇第七》7.3

子曰："德之不修，学之不讲，闻义不能徙，不善
不能改，是吾忧也。"

"德之不修"，这个"德"是指个人的善行，也是指自我品德的
表现。古人解释："德者，得也，心得之谓也。"为什么不用"得"
而用"德"？是因为得道于心而现之于行，表现在行为上，这是对
道有了心得。孔子的道，就是仁。"仁"含着"觉"，所以个人善行
的"德"包含着个人生命的觉醒，同时要走向圆满觉醒的道上，而
有的心得所表现出来的善行，它也可以引申来表示自我品德的修持。
"不修"的"修"是修治、培养。"不修"，指没有修治，没有培养。

"学之不讲"，"学"在这里是指知识、学问。"不讲"，古人说
"学必讲而后明"，同时，"讲"一定包含"习"，"习"是实践的意
思。也就是说，读书、习理是讲，与朋友讨论、习行也是讲。"学之
不讲"，在学知识做学问的时候，如不辨明义理去实践、完成，这
就是"不讲"。

"闻义不能徙"，"闻"是听闻，听到了，明白了。"义"是合宜
的道理。"不能徙"的"徙"是迁从，也就是能够亲身前往的意思，
听到了、明白了义理，懂得了正义，或者说知道什么是正确，如果
不能够亲身前往去做、去行，叫作"闻义不能徙"。

"不善不能改"，"不善"就是不够好，不合乎善道之行。"不能
改"，不能够有所改正。"是吾忧也"，"是"就是这的意思。"吾"，

孔子的自称。"忧"，忧虑。这乃是我的忧虑啊，或说，这就是我最忧虑的事了。

这句话也是孔子自述。他说："个人的善行不能修治培养，在知识的追求上不能辨明义理加以实践，而后有所完成，听到了合宜的道理、正义的事不能亲身前往去做，进而明明了解到自己不够好，还有不合乎善道的地方，竟然没有能力加以改正，这些可是我孔丘最忧虑担心的事了啊！"

这章表明了孔子在自我的反省之后，全力去做的自我调整。在这种努力下，人的德行才会日日进步。而这就是孔子讲学教导人们生命自觉之后所要下的功夫及修养的所在了。

《述而篇第七》7.6

子曰："志于道，据于德，依于仁，游于艺。"

"志于道"的"志"，古人说是"心之所存"，又说"心之所之"。这个"之"字可以作"趋"字讲，"往"字讲，也就是心之所往。或者说还有"心之所主"，也就是心中最深沉最向往的这个部分，这都是对"志"的一种说明。"志"就是生命中所长存于心者，或者说心中最深沉、最大的向往，是每一个人自己内心最坚定不移之处。"道"是指仁道，也就是达于生命圆满自觉的人生大道。"志于道"，就是立志于生命圆满自觉的人生大道上。

"据于德"，这个"据"是坚定固守的意思。"德"是个人对生命的一种体得，是内修于己，自我内在的修养。我们如果想要行走在生命自觉的大道上，所凭借所依据的力量就是一定得从坚定固守不移的这一份内在的体得中得来。换句话说就是，修德才能行道，唯有至德才能将道凝聚而行。所以说，行道之本在德，"据于德"是由此而说的。一切行道，都是根据我们自我的体得和行为的实践力。

"依于仁"，这个"依"，古人的解释是不违，就是不违背、不离开。"仁"指内心自我圆满的生命自觉。"依于仁"是上述的"志于道""据于德"而后重要的部分。这一切都不离开自我的生命自觉，以及到达生命自觉圆满的状态，一切沿着这一份生命自觉的圆满而行。"依"有沿的意思，就是沿着。

"游于艺"，游者，泳也。也就是以鱼在水中悠游的形象，来形容人游泳自如的快乐。这快乐尤其来自文艺之中。"艺"在孔子的时候指的是礼、乐、射、御、书、数"六艺"。在《礼记》的《学记》里就说，"不兴其艺，不能乐学"。"兴"是带动、引动。换句话说，如果不带动六艺的学习，不能够开展六艺的活动，学生们就没有办法完全投身于快乐的学习之中。这也就是说，学生在读书求学中，如果没有六艺这样的游艺活动，不能游于艺，他们学起来就不快乐。读书是理性的学习，游于艺是感性的满足与开发。只有理性的学习，没有感性的开发和满足，人是不会快乐的。

而"艺"在今天还可以加入琴、棋、书、画等艺术的活动。这是一种审美的活动，它不同于知识的活动，它是因满足人们情感需要而产生的。在这些带着审美的文艺活动之中，人的情感获得满足，而后从一般情感的满足上扩展到对生命的肯定，展现出那份对生命的喜悦，进而带动出审美情感，让人在审美情感中觉得活着真好。所以当人到了觉得活着真好、满足的时候，人们自然会全力以赴走向自我生命最向往的理想。所以古人说，游于艺不仅可以成才，还可以进德，不仅能学习，还可能开展出觉性。其实这是人自我实现、自我完成、自我创造的最大推动力。孔子也说，"知之者不如好之者，好之者不如乐之者"。而游于艺，就是乐之者。

这句话的意思就是说，人在生活中，当立志于人生命自觉的大道上；而其所根据的力量来自自我内在对生命的体得，同时加以实践；而后沿着生命圆满自觉的仁道走去，建立起自己生命的目标，让自己生活在充满了生命情感和审美情感的文艺活动之中。如此就能走上自我实现、自我完成、自我创造的生命最大的活动中了。

《述而篇第七》7.15

子曰："饭疏食，饮水，曲肱而枕之，乐亦在其中矣。不义而富且贵，于我如浮云。"

"饭疏食，饮水"，这个"饭"作动词用，就是吃、吃饭。"疏"就是粗。"食（音四）"，作饭字讲。"疏食"就是粗饭。不过，古代的粗饭有的是指粗粮，就是以稷、黍为主的粮食，有的就直接指糙米饭。不论是糙米饭还是以稷、黍为主的粮食，都不是指稻粮所做的饭，因为稻粮做的饭叫作细粮。"饮水"，"饮"就是喝。"水"指冷水。古人的"汤"是热水，"水"指冷水。前几章颜回"一瓢饮"，饮一瓢的水，也同样喝的是冷水。这是指饮水的简陋，生活的贫穷。

"曲肱而枕之"，"曲"是弯曲。"肱"就是手臂、胳膊。"枕"当动词用，就是以什么什么为枕。"之"指的就是手臂。弯着手臂当枕头，换句话说就是小卧、小睡一下的状态。

"乐亦在其中矣"，"乐"指快乐。不过这个快乐是指生命自觉之后真正感受、享受到来自生命本身的快乐，也就是真能享受到活着就是一种天大的福气、天大的喜悦。当人真感受到、享受到这一份快乐的时候，生活中的富与贵、得与失，甚至生与死，都不会再影响、干扰到这一份生之喜乐，这是来自自我内在的真正的喜悦。颜回的"一箪食，一瓢饮，居陋巷，人不堪其忧，回也不改其乐"的"乐"，同样也是指这一份生之喜悦。而这份生之喜悦是不受富与贵、穷与贫的影响，即使在最简单的生活中，我们同样可以感受、享有那一份来自生命本身的喜乐。

"不义而富且贵，于我如浮云。"因为前面这样的心得，不义而富且贵，于我就如浮云一般。"不义"就是不合道义，不合道理，不合正义的意思。"而富且贵"，"富"指财富、富有。"贵"指社会地位。"于我"，对于我来说。由不义得来的富或者贵，对于我来说就如同天上的浮云一般。这里以天上的浮云来作为一个象征，也就是从意义上而言，只要是不义而来的富且贵，于我没有关系，就如同天上的浮云一般。这不仅仅是指他是他我是我，互不干扰，"浮云"两字所代表的"不义而富且贵"还有飘忽而不确定的含意。这如同佛学上所说，一切没有真正自觉的生活都是不确定的，如露亦如电，含义非常深刻，值得大家玩味。

这句话的意思也就是说，孔子讲："吃着粗粮，喝口冷水，弯着胳膊枕着头睡一下，啊，那种生命的悦乐也就在这里面了。如果以不合理的方法得来的富与贵，对我来说就如同天上的浮云一般，毫不相干。"孔子的《论语》从人的生命自觉入手，将人从生物性提高到人性的层次。而唯有了生命的自觉，才能够逐步地从只求生存下去的本能冲动和满足中释放出来，如此人才能有真正的快乐可言。

前面《雍也篇》第九章，孔子赞美颜渊，说他"一箪食，一瓢饮，居陋巷，人不堪其忧，回也不改其乐"。这里"乐"字和我们本章说的"乐"，就是孔门学说重中之重，也是中国文化与世界其他各民族对于生命认识上的不同。许多民族认为生命是一场苦难；而在中国，生命的本身是人最大的喜乐。所以也有国际学者说，中国文化是一个乐活的文化。这一点也是值得注意和体认的。

《述而篇第七》7.18

叶公问孔子于子路，子路不对。子曰："女奚不曰：
'其为人也，发愤忘食，乐以忘忧，不知老之将至'
云尔？"

　　"叶公问孔子于子路，子路不对。""叶"，音射，是个地名，今天在河南还有一个叶县。叶，就在叶县里面，当时这里是属于楚地。叶公是叶这个地方的县长，依照当时楚国的楚君已经称王了，所以县长也就可以称公，因此叫作叶公。叶公是楚国的贤大夫，本名沈诸梁。"问孔子于子路"，叶公向子路问孔子的为人，你们的老师是怎么样的一个人啊？"子路不对"，子路一下子答不上来。子路回来就向孔子说这件事。

　　"女奚不曰"，"女"，音汝，就是你的意思。"奚"就是何，为什么。"奚不曰"，为什么不说。"'其为人也，发愤忘食，乐以忘忧，不知老之将至'云尔。""其"指孔子。"为人"就是做人。"发愤忘食"，"发愤"指用功。"忘食"是忘记了吃饭。"乐以忘忧"，"乐"是快乐，快乐起来。"以"是指因此。"忘忧"，忘记了所有的忧愁。到什么程度呢？"不知老之将至"，不知道年纪已经大了，老年将要到来了。"云尔"，"云"是如此。"尔"就是"耳"，作语词，而已、罢了。

　　这句话就是说，楚国叶县的县长叶公向子路问："孔子是怎么样的一个人啊？"子路一下子答不上来。他回来告诉孔子。孔子就告诉他说:"你为什么不告诉他,他这个人啊,用功起来连吃饭都忘记了;心里一旦快乐,什么忧愁也都不在脑子里了;甚至人都快老了,他都没有感知得到啊。"

这一章进一步来说明,当人有了生命的自觉,一切就以真正自我的好恶出发,根据自己的真性情开展自己的人生,如此便能够拥有生命真正的快乐和喜悦。孔子的这份提醒,使中国文化区别于世界文化,认为活着就是一件最大快乐的事了。

《述而篇第七》7.35

子曰："奢则不孙，俭则固；与其不孙也，宁固。"

"奢则不孙，俭则固"，这个"奢"是奢侈、豪华。"则"就是乃。"孙"，音逊，是谦让、谦顺的意思。"俭"是节俭、俭省。"固"是简陋、鄙陋，俗话所说的"好寒碜啊"。古人说，人之所以豪华、奢侈，这除了为满足单纯的欲望，单纯因欲望而来的虚荣，其实他的内心还存在着生物的竞争性，希望用奢侈、豪华赛过别人，骄傲过别人。这是一种自我膨胀的现象，来自生物性，透过竞争夸张地展现自己，来证明、确定自己的存在。所以说"奢则不孙"，奢豪的这种表现，它本身不谦让，它是要胜过别人，要超越别人的表现，这里头含藏着骄傲。相反地，节俭、节省是容易让事情显得非常固陋、寒碜。

不过在这两者之间，孔子说"与其不孙也，宁固"。也就是与其豪奢骄人，我宁可选择因节俭而显出的那一份寒碜。为什么呢？孔子为什么做这样的选择呢？何以他选择了固陋、寒碜？原因是固陋、寒碜接近生命的本质。所以孔子说与其奢华，不如固陋、寒碜。

在此基础上，传统中国在美学上逐步发展，受到老子思想的影响，还有佛学思想的影响，以黑白水墨作为绘画最重要的基调，原因就是它接近本质。色彩过于丰富、复杂，有的时候反而会遮住了那一个本质性的认知。孔子这一句，就是提醒对本质的认识。

《述而篇第七》7.36

子曰："君子坦荡荡，小人长戚戚。"

"君子"我们说过，依孔子而言，是生命高度的自觉者。而生命的高度自觉者，就是在生命自觉中把人性中的那一份人之性逐步开展，使自己逐步从生物性的本能自存冲动中释放了出来。所谓本能自存冲动是只求自己活下去的这种冲动。能从自存冲动中释放出来，人此后就不再全然地受制于来自生物性本能只求自己活着的冲动的限制了。当人受制于生物性求生存的时候，其实就和所有的生物一样，天生带着死亡的恐惧，害怕死亡。

我们看，所有的小动物一出生，没有任何的教导，它就懂得躲避危险以求生存。这种死亡的恐惧是生物所天生的。人不脱开这生物性的自存冲动，就无法避开死亡恐惧的驱迫或者威胁。死亡恐惧延伸出来的是人们随时担心自己的利益受损，导致人们在日常生活中总是在得失之间摆荡。如此心中自然充满了忧虑。这是第一点。

第二点，如果人不再受制于生物性只求生存的本能满足，人就不会去强占，不会去抢夺，不会去攻击以求取得更多的生存权利，人在这方面就不再那么焦虑，人的心思自然地就走向了坦然、宽广。

第三点，人不再受制于生物性的自存冲动，人会表达出更多的爱，更多对人、对生命的关怀，人不会把焦点只放在自己身上，只注意关心自己活不活得下去，对自己有没有利益，而能够在适当的时候，表达出对人的爱。这也就是佛学中常说的，当人消除了来自生物性只求自己生存的那个冲动中所产生出来的贪、嗔、痴所谓"无明"的冲动，人的心性就自然地平静宽和，不会再有任何的烦恼。而这也可以作为君子坦荡荡的原因。

"君子坦荡荡"，这个"坦"是平的意思。"荡荡"是宽广的样子。君子的心思在没有任何焦虑和烦恼之下，他平坦而宽广。

"小人长戚戚"，"小人"指一般人，指一般还没有觉醒的人，也就是一般还没有开展出人性中属于人之性那个部分的人。这种人大部分还受制于生物性只求自己达成生存目的的心理冲动之中，所以一切都以只求自己生存为前提，很自然地表现出自私自利，以满足自己本能的欲望为主。如此他的生活、他的心理也就自然地为了利益的争夺、为了得失、为了各种的利害，而不断地操烦、操心。他的心理状态就必然"长戚戚"了。"长"是经常。"戚戚"是迫促、忧愁的样子。迫促，就好像随时随地被别人驱迫、赶着走那样的紧张。

这句话的意思也就是，一个有着高度生命自觉的人，他的心胸气貌自然会平坦宽阔；而一般尚未有着生命自觉的人，他的心胸气貌就显得忧愁而焦虑。

其实人的生活、人的生命幸福不幸福，关键就在于人的心里是宽舒平坦还是焦虑忧愁，在于人要不要有生命觉醒的决定了。

《泰伯篇第八》8.5

曾子曰："以能问于不能，以多问于寡；有若无，
实若虚，犯而不校。昔者吾友尝从事于斯矣。"

"以能问于不能"的"以"在这里是指拿，不过把它引申为一个
助词。"能"是指才能、能力。"问"是请教。"以能问于不能"，也
就是说能力高的、有才能的向没有才能的、能力低的人请教。"以多
问于寡"的这个"多"是指知识渊博。"寡"是知识缺少，缺少知
识。"以多问于寡"，也就是知识渊博的能向知识缺少的人请教。

"有若无"的"有"指有学问。"若"是好像。"无"是没有学
问。"有若无"，也就是说，有学问却好像没有学问一样。"实若虚"
的"实"指满腹经纶、满腹知识。"虚"指空无所有。"有若无，实
若虚"，这样一个有学问却好像没有学问，满腹经纶却好像空无所
有一样。

"犯而不校。"这个"犯"是侵犯。什么是侵犯呢？也就是以无
礼待人，不讲理，没礼貌。"而"是指但是。"不校"的"校"是计
较。"不校"，不计较。侵犯而不计较，当别人以无礼来对待自己的
时候，能够不计较。

"昔者吾友尝从事于斯矣。""昔"是从前、以前。"吾友"，古
来的注释都说这是指颜回。"昔者吾友"，在从前我有一个朋友，也
就是颜回这样的朋友。"尝从事于斯矣"，"尝"是曾经。"从事"就
是从什么什么事上下了功夫。"于"就是在。"斯"就是这里，这种

前面所说的，能够向不如自己的人请教，有学问看起来却好像没学问的样子，满腹经纶却好像空无所有。他在这方面下了功夫了。"矣"就是"啊"。

这句话的意思就是，曾子说："自己有才能，却能够向没才能、才能低的人请教；自己有学问、学问渊博，却能去向知识少的人请教。自己非常有学问，却好像没有学问一样；自己满腹经纶，却好像空无所有一样。当别人以无礼的态度、行为侵犯了自己，却能够不计较。从前我就有一位这样的朋友颜渊，他在这方面可是下足了功夫啊！"

这话读来似乎充满了矛盾，可是实际上，却呈现了当人有了高度的生命自觉之后，他不会再以拥有什么，或拥有了别人所没有的事物，觉得自己高人一等，同时用这些自己所有的、别人所没有的来傲视别人。在他说来，从人的平等性来看，一切都如如平等。因此，有如同无一样，实如同虚一样。只要是人，学问再渊博，一定还有所不知之处、不足之处。所以遇到了不知、不足、不确定，很自然去向别人请教。这不是刻意的谦逊，而是自然而然的谦虚。因为在生命有了高度的自觉之后，那生物性随时为了强调、标榜自己的存在，害怕自己不被别人看见、害怕别人忽略了自己，这一类的恐惧都消失了。如此，那份生物性高估出来的自我自然也就不见了，所以对别人无礼的侵犯也会不在意。

这一段说明了人有了生命的自觉所得来的宽大与自由。从曾子的叙述我们了解了颜渊的那份乐，也从这一份宽大和自由中开展出来，而这一切就全在生命的自觉。

《泰伯篇第八》8.6

曾子曰："可以托六尺之孤，可以寄百里之命，临大节而不可夺也。君子人与？君子人也！"

"可以托六尺之孤"的"可以"是能够。"托"就是寄托、托付、交托、交付。"六尺之孤"，古代七尺是成年人，六尺是孩童。古代的尺短，六尺合乎于今天的一百三十八厘米，一米有四尺一寸四分这么多。身长六尺还是孩子。因此六尺通常就是指十五岁以下的孩子。"孤"是失去父亲的孩子。托孤，就是可以将孤儿寄托给他。这里的托孤是奉前君之命辅佐还没有满十五岁的幼主，这也就是说，受君主临终前的嘱托辅佐幼君。

"可以寄百里之命"这个"寄"同样是寄托、托付的意思。"百里"指大国。"命"是指政令、政事、政权。"可以寄百里之命"，也就是可以把一个大国的政事、政令、政权托付给他。

"临大节而不可夺也。""临"是面临。"大节"是国家的安危，或者个人生死的大关键处。"而"是竟然的意思，出乎意料。"不可"是不能。"夺"，指强迫、放弃，引申作动摇、屈服解。"临大节而不可夺也"，面临到国家危难、个人生死这种大关键处，也都无法逼迫他放弃原有的允诺。他甚至不会为了自己的生死而动摇屈服。

"君子人与？君子人也！""与"可以作"欤"，作疑问词，等同于今天的"吗"。"君子人与？"就是这样的人算不算一个君子人啊？"君子人也！""也"是明确的判定词。"君子人也！"的意思就是，是的，他确实是一个君子人啊！

这段话的意思就是，可以把年幼的君主托付给他，可以把一个大国家的政事、政令、政权托付给他，而他在面临国家安危以至个人生死的大关键时刻，他都不会屈服动摇了他原本的承担和允诺，像这样的人是君子人吗？确实他就是一个君子人啊！

这句曾子提出了三种君子，其实这三种君子也就是在生命高度自觉觉醒之下所展现的，很自然、理所当然所具备的三种品德。这是在生命自觉之下，自身最真实的生命全然开展了以后，人自然就有着生命的最大的承担力。这三种都是必须有承担力才能完成的工作。第一种，能受人之托，换句话说，有能接受别人托孤的能力。第二种是承担治大国的能力。第三，是临大节的时候，在国家存亡、自己生死关头不逃避、不动摇、不屈服。

或许有人问，能承受但不能完成这些事情怎么办？犹如历史上有名的文天祥、史可法，他们虽然有此承担力，同时也尽力尽心，可是国家还是亡了，他们甚至也以身殉国了。这怎么说？说来是他们的时与命的不济，在时与命中条件不足而已。可是就他们两个人而言，他们求仁得仁，他们透过了自己在觉醒后的选择，伸张了自我的意志，有了自我的完成，这是他们实现自我完成的方式。我们仍然可以说，这是君子人啊！这是君子人啊！

《泰伯篇第八》8.7

曾子曰："士不可以不弘毅，任重而道远。仁以为
己任，不亦重乎？死而后已，不亦远乎？"

"士不可以不弘毅，任重而道远。"士在西周以至于春秋，是当
时贵族社会的最下层，同时又是平民老百姓的上层。所谓卿、大夫
以至于士，而后下面是百姓。古人说："士者，事也。承事者之谓
也。"承事者就是实际做事的人，他去承担所有事务的人，所以士
分文士和武士。孔子没有任大夫职之前也就是士。到了孔子广开平
民教育，于是士转而成为读书人或者是知识分子的称谓了。这里的
"士"指读书人或知识分子。"不可以不弘毅"，"不可以"就是不
能。"弘毅"的"弘"是宏大，指心胸开阔，没有强烈的自我，不自
私不自利。"毅"是果敢强毅，刚毅的意思，很果断。"士不可以不
弘毅"，既然是士，就不可以不心胸宽大，而且刚强果断。"任重而
道远"，"任重"，责任重大。"而"是指并且。"道远"，道路非常遥
远。"任重而道远"，也就是指士的责任重大，而且他所背负的责任
的这条路很长。

"仁以为己任"，"仁"在这里强调的是人道，也就是人之所以
为人的那个生命大道，让人真正成为人，不再受生物限制的那个人
道。也就是说以此人道来促进教育，让人们走向生命觉醒的大道。
"以为"就是用以作为。"己任"，自己的责任。这以仁为自己的责
任，"不亦重乎？"不也是很沉重的吗？"死而后已"，"已"是止，作

停止讲，放下讲。就是说开展了人类觉醒的大道，使人们走向生命觉醒之路的这个责任，到死之后才能停止，才可以放下。

这句话的意思也就是说，一个知识分子，一个读书人，心胸不可以不宽阔宏大，刚毅而果断。因为他所承担的责任非常重大，并且路途很遥远，这是因为他把促进全人类生命觉醒来作为自己的责任，这个责任不就是很沉重的吗？而这个责任需要做到死才可以放得下来，这样的路途不是很遥远的吗？

这一章曾子勉励所有知识分子、所有读书人，当以生命自觉的这一份仁道作为自己生命的最大责任，同时也要担负起促进全人类走向生命觉醒之路。而这也是北宋张载所说的读书人当"为天地立心，为生民立命，为往圣继绝学，为万世开太平"的张本，同时这也是明末清初顾炎武所说的"天下兴亡，匹夫有责"的依据。中国至今数千年，其能久能大、能振衰起敝的关键就是所有的知识分子、所有的读书人有这份生命的自觉，并且义不容辞地承担起推动生命自觉（包括国家兴亡）的重任。

《子罕篇第九》9.4

子绝四：毋意，毋必，毋固，毋我。

"子绝四"，"子"指的是孔子。"绝"就是拒绝、断绝，或者说绝对没有。"四"指四种心态。"毋意，毋必，毋固，毋我。"这个"毋"通无，是禁止的意思，绝对不要。"意"是臆测、猜测，甚至是猜疑的意思。"毋意"也就是绝不凭空地去猜疑，去揣测。孔子他绝对不对事物做凭空地揣测、猜疑。"毋必"的"必"是必然，一定要。这是一种主观独断的肯定。"毋必"，绝对不做独断的肯定。"毋固"的"固"是固执，固执己见。"毋固"，绝不固执己见。"毋我"，"我"是私己，指自己私我的部分，换句话说是以自我为中心。"毋我"，绝对不以自我为中心。

孔子断绝这四种心态，也就是在孔子自我生命觉醒后，他脱开了生物求生存而来的恐惧，他在处理事务上，面对事物上，他能够绝对不用凭空猜疑的方式去揣度和论定事物的实际状态；他也绝对不用主观独断的方法去论定事物；绝对不固执己见地认为自己所认为的就是绝对真理；他绝对不以自我为中心。

这是孔子在教学上教导启发学生，人要逐步脱开来自生物性的只追求自我生存所导致的局限，即"我见"的局限。当我们不再受制于这个局限的时候，也就是找到了通往"君子不器"的一条捷径，而后也就能成为孔子所说的"君子儒"了。这"毋意，毋必，毋固，毋我"其实也是进入生命圆满自觉的仁道上的一条最重要的途径。

当我们能够断绝这种以自我为中心、只有自己看得见的才是真的的这种封闭性思考、封闭性认知，我们也就自然地走向了一个开阔的、坦然的自由心态。

《子罕篇第九》9.18

子曰：“譬如为山，未成一篑，止，吾止也。譬如
平地，虽覆一篑，进，吾往也。”

　　“譬如”也就是比如。“为”是动词。“为山”就是造山，堆土
成山。“篑”是装土的箩筐。“未成一篑”，指山还差一箩筐的泥土，
还没堆成。“止”，这个时候就停止了。“吾止也”，这是我自己要停
止的呀。“譬如平地”，这是说好比在平地上，要堆土成山。“虽覆
一篑”，“虽”是即使。“覆”是倾覆、倒。“一篑”，一箩筐的土。
也就是说，在平地上想要堆山，即使只倒了一箩筐的土。“进”，指
继续倒土。“吾往也”，我继续向前去堆土啊。

　　这句话的意思是，孔子说，人生好比用土堆一座山，只差一箩
筐的土就要堆成了，这个时候如果停止不去堆，那也是自己停止不
去堆所造成的结果啊。相反地，比如在平地上想要堆一座土山，虽
然刚开始只是堆了一箩筐的土，但是继续不断地去堆，也会堆成一
座山的，而堆成的这座山，是自己决定堆成的啊。

　　在人生中，生命的道路其实都是在自我的抉择下完成的，甚至
说，命运也是在自己一连串的抉择下建构起来的。如何建构自己的
命运，如何开发出自己的生命道路，这一切的决定都在自我的抉择
和自我的实践上。一个真正自我的诞生，是决定在自己是否愿意开
展出自我。而真正自我的开发，则是来自自我生命的觉醒。唯有在
自我生命的觉醒中，我们最真实的自我才会诞生出来，而这将决定
我们的命运及我们的生命道路。

《子罕篇第九》9.25

子曰："三军可夺帅也，匹夫不可夺志也。"

"三军"，在周朝的制度里，诸侯中的大国可以拥有三军的军队，此后军队也就叫作三军了。当时的一军共有一万两千五百人，三军是三万七千五百人，人数众多。"可夺帅也"，也就是说即使有这么多的人，他们的元帅也是可以夺的。"可"，能够。"夺"是掠夺、抢夺，引申作俘虏的意思。"帅"也就是三军的元帅，带领三军的人。三军人虽然多，可是元帅仍然是可以被抢夺、俘虏的。

"匹夫不可夺志也。""匹夫"的"匹"是单独的意思，"匹夫"指单独的一个普通人，我们所说的平民百姓。"不可夺志"，"不可"就是不能；"夺"，在这里同样是抢夺、掠夺，不过引申就是改变；"志"，是心中之所主，心中之所之，心中最大的向往。平民百姓即使是一个人，只要他有了志，心有所主，有了心中最大的向往，他就无法被改变。三军人多，元帅并不确定。匹夫只是一个普通的人，他心中有了主，也就不容易被改变了。

这句话的意思：孔子说，别看三军人虽然多，但是他们的元帅仍然是可以被抢夺而俘虏的；可是一个普通百姓，只要在他生命的觉醒之后，立下了自己的志向，心有所主，那是很难改变他的。孔子的这句话强调人心的觉醒产生的生命的力量是极其巨大的。想想看，三军人何其多，可是心要是不一，元帅也无法能够在他的位置上确立而不摇，一旦战败，照样成为一个俘虏；可是一个普通人，在生命觉醒之后，找到自己生命中最向往的路，那就很难改变他，他一定会一往直前，全力以赴，开展出他自己向往的生命道路。

《子罕篇第九》9.28

子曰："知者不惑，仁者不忧，勇者不惧。"

　　"知者不惑"这个"知者"指的是有智慧的人，也就是指有生命智慧的人。"不惑"，不迷惑。"知者不惑"，就是有生命智慧的人不会被事物迷惑，他有智慧能作辨明，能清楚地判断。"仁者不忧"，"仁者"，圆满的生命自觉者。"不忧"，没有忧愁，没有私忧私愁，不会有来自生物性的私忧私愁。所有人的忧愁都与人的生物性想要占有、想要利于自己有关。没有了生物性的这一份占有，以及一切为自己的私利的心思，就不会有忧，不会有愁。"勇者不惧"同样的也是指在生命自觉下，当人没有了生物性与生俱来的那份生之恐惧，就是生怕失去生命的生之恐惧，他的内心就没有了畏惧，所以说"勇者不惧"。

　　这句话也就是说，凡有生命大智慧的人，不会被事物迷惑；有着圆满的生命觉醒的人，不会再有私人的私虑和私愁；当人解除了生之恐惧，内心没有任何来自生物性的那份惧怕，人自然将成为勇者，他面对所有事情都敢一往直前。

　　古人说，智、仁、勇这三德是通往生命大觉、走向生命大智慧的捷径，所以又称为"三达德"。学者能够从这里再加反省和体验，那么他的心就更加宽广而高明，如此，圣贤之道也就容易进入了。

《先进篇第十一》11.15

子贡问："师与商也孰贤?"子曰："师也过,商也
不及。"曰:"然则师愈与?"子曰:"过犹不及。"

"子贡问:'师与商也孰贤?'""子贡问",子贡是孔子的学生,
他向孔子请问,向孔子请教。"师与商也孰贤?"师就是子张,他姓
颛孙,名师,字子张。他非常有才,心中的理想也非常高广,在为
人做事上,常好从难处入手,用今天的话讲,好接受挑战,因此做
事为人上常常冲过了头。商就是子夏,姓卜,名商,字子夏。子夏
在性格上非常的慎重、笃实,在做人做事上就比较拘谨、保守。所
以他们两个"孰贤?"这个"孰"就是指谁,"贤"就是贤能,哪一
个比较贤能? 后面的这个"与"字是加个"欠"字边的"欤",疑
问词,就是我们常常说的"啊"或者"吗"。

"子曰:'师也过,商也不及。'"孔子就回答说,"师也过",师
啊,常常是理想太高,冲过了头。这个"过"就是过头,冲过头了。
商啊,常常谨慎保守而不到位。这个"不及"就是不到位,做事总
差这么一点。

"曰:'然则师愈与?'"这个"曰"就是子贡再问。"然则",转
语词,"然"是如此,"则"是那么,合起来就是如此那么或者那么
如此。"愈"是胜过的胜,胜过或者超过,也可以说更好。"与",
疑问词。也就是说,那么说来师是比商更好了? 胜过商了?

"子曰:'过犹不及。'""子曰",孔子回答说。"犹"是如同、

同样。"过犹不及"就是冲过了头和不到位其实是一样的。

这章的意思，子贡问孔子："子张和子夏谁比较贤能啊?"孔子回答他说："子张的心气高大，理想高远，在做人做事上常常会冲过了头；子夏谨慎保守，在做人做事上常常不到位，差那么一点。"于是子贡就再问道："这样说来，子张好过子夏了吗?"孔子回答说："其实冲过头和不到位是一样的，没有差别。"

许多人在解释这一句的时候，常以中道为准则，中道就是恰到好处，用来解释子张之过和子夏之不及，说他们没达到中道，没有能够展现中道的准则。不过，钱穆宾四先生说，这章要从射箭的语境来看，射箭是以射中了箭靶的靶心为准，如果射不中那个靶心，不论是超过还是不及，不都是一样吗。要从这边去了解这句话重要的意思所在。

中道指的是恰到好处。而这章的过犹不及，指的是做事做人，从人的性格而影响到做事的状况；而做事，是如同射箭一样，每件事都是有清楚的目标，而且也都必须加以达成。所以说"过"和"不及"是一样的，因为它们都没有如同射箭那样射中了箭靶的中心，射中目标，完成这一个射中目标的工作。所以从这里来讲，无所谓好坏。

所以这章将人物的性格和做事的态度、方式并论，提醒人们认识自己的个性，以至于了解自己的性格所在，因为个性、性格会直接影响自己做事的方式和态度。虽然我们说，性格是天生，不过仍然是可以透过生命的自觉，透过自我的觉醒，而后加以调整的。这也就是宋明的理学家们说读书明理是可以改善人的气质的。

读书明理指的不只是知识的追求、专业知识的追求、专业技能的追求，还包含了追求知识开阔、提升人生命的自觉，使人可以从原本的习性中开解出来，或者是从生物性、动物性的那份欲望冲动中释放出来。我们原本以为，人的先天性是不可改变的，可是站在这一份生命自觉的认识中，人先天所谓气质其实可以调整。读书能明理，就能调整自己先天的气质、自己先天的性格。如同射箭，自觉到自己的手抬得太高了，或者放得太低了，或者力有不足，或者力太过，甚至于看到自己不够专心，有了恍神，只要能适当地加以调整，就能射中目标了。换句话说，当人能够自我调整，不只做事能到位，甚至还可以开创人自身的命运。

这一章表面看起来简单，而内在的含义非常深刻，重点在提醒每一个人，当能自我省察，以至于成为一个能随时自我调整的健康的人。

《先进篇第十一》11.21

子路问："闻斯行诸?"子曰："有父兄在,如之何
其闻斯行之?"冉有问:"闻斯行诸?"子曰:"闻
斯行之。"公西华曰:"由也问'闻斯行诸',子
曰:'有父兄在';求也问'闻斯行诸',子曰:'闻
斯行之'。赤也惑,敢问?"子曰:"求也退,故进
之;由也兼人,故退之。"

　　"子路问:'闻斯行诸?'""子路问"就是子路向孔子提问,向
孔子请教。"闻斯行诸?""闻"是听闻,简单说就是听到,不过这里
的闻,所谓听到,古人说是听闻到合乎道义的事。"斯"就是则,也
就是就的意思。"行"就是去做。"诸"是之于的合音,在此作"乎"
字解,疑问词。"闻斯行诸?"就是"闻斯行乎?"就是说,当听闻到
合乎道义的事,就毫不迟疑地立刻去做吗?

　　"子曰:'有父兄在,如之何其闻斯行之?'""子曰",孔子就回
答他说。"有父兄在",这是指家里还有父亲还有兄长,他们都还健
在的意思。"如之何其闻斯行之?""如之何"就是"如何之",怎么
可以,怎么能够。"其"是则,是就的意思。"闻斯行之",听到了
合乎道义的事就即刻去行。换句话说,这是说当家里面还有父亲兄
长在那里,怎么可以听到合乎道义的事就毫不犹豫去做呢?

　　在《礼记》的《曲礼》里面,有这样的一句话:"父母存,不许
友以死。"不能够将自己的生命去答应自己最好的朋友,并且为朋友

去死，这是绝不可以的。"不许友以死。"不以死许友，不能拿自己的生命去答应为朋友做事。以自己的生命答应为朋友做事，是从春秋以至战国，甚至到汉的一种风俗。《曲礼》里面就说，这不可以，只要父母还在，绝不可以。同样，"不有私财"，只要父母在，我们也不能够自己积蓄私财，这也同样是不合孝道的事。换句话说，只要有父母在，都当和父母商量，绝对不可以自专，包括有兄长在，所有的事情都该和兄长和父母商量。

"冉有问：'闻斯行诸？'"冉有也来问孔子："当听到合乎道义的事就直接去做，对吗？"子曰：'闻斯行之。'"孔子听了冉有的问话，就直接说，听到合乎道义的事就直接去做吧。

公西华曰："由也问'闻斯行诸'，子曰：'有父兄在'；求也问'闻斯行诸'，子曰：'闻斯行之'。赤也惑，敢问？"公西华是孔子晚年的学生，姓公西，名赤，字子华，他小孔子四十二岁。这时候子路已经四十多岁了，公西华小子路二十三岁。公西华说："老师啊，当由来问您是不是合乎道义的事只要一听到就直接去做，老师您说，家里面有父兄还在，怎么可以直接去做。可是没多久，求也来问'闻斯行诸'，可是您就说，听到合乎道义的事就直接去做吧。我也有些迷惑了。我大胆地问一下，想要请问老师这是怎么回事。"

"子曰：'求也退，故进之；由也兼人，故退之。'""求也退"，"退"是指冉求的个性，他在性格上是退缩不前的，也就是保守慎重。"故进之"的"故"是所以，"进"是鼓励，"之"是他；就鼓励他向前。这个"进"当动词，向前，使之向前，鼓励他往前走。"由也兼人"，这个"兼人"古人解作好胜，一个人会去兼做两个人以上的事，什么事情他都抢着做，全力承担。也有人就把它解释作敢为。总之，子路是一个敢冲敢任事的人，他有敢冲敢任事的个性。

"故退之"的"退"作动词，就是使之后退。也就是抑制他一点，使他缓和一点，慢一点。所以我就让他慢下来，抑制他，不要冲得太快。

这整句话也就是说，当子路去请教孔子："当听到了合乎道义的事情就即刻去做吗？"孔子回答他说："家里还有父亲还有兄长在，有事情得和父亲兄长商量商量，怎么可以一遇到事情就向前冲呢？即使是符合道义的事，也应当先和父兄商量一下。"而后，冉有也来问孔子："听闻到合乎道义的事就即刻去做吗？"孔子回答说："即刻去做吧。"公西华在旁边听了孔子对两个人的回答完全不一样，不禁问孔子说："子路来问老师您，听到合乎道义的事就即刻去做吗，老师您说，家里有父兄在，怎么可以毫不商量地就自己做主去做呢，可是等到冉求来问，同样的问题您却回答，即刻去做吧，别犹豫了。两个人的问题一样，您怎么会有完全不一样的答案呢？我有点糊涂了，充满着困惑，所以只好大胆地来请问老师，这其中是有什么样的道理啊？"孔子说："求啊，他个性怯懦，容易后退，遇事总是退缩不前，所以我鼓励他前进、进取；而子路呢，他的个性敢冲敢为敢于进取，一人总是好兼做两人以上的事，所以我就抑制他一点，好使他能有所退让。"

这一章和前一章是可以互相发明的。自古以来，人们都讲孔子"循循善诱人"，这两章足以说明孔子因材施教、循循善诱的教学法，而这也是教导启发人自我认识，走向生命自觉的方法。

《颜渊篇第十二》12.1

颜渊问仁。子曰:"克己复礼为仁。一日克己复礼,
天下归仁焉。为仁由己,而由人乎哉?"颜渊曰:
"请问其目。"子曰:"非礼勿视,非礼勿听,非礼
勿言,非礼勿动。"颜渊曰:"回虽不敏,请事斯
语矣。"

　　"颜渊问仁。"颜渊请问孔子,如何才能达成圆满的生命自觉。
这个仁,我们曾经说过,它是圆满的生命自觉。"子曰:克己复礼为
仁。""克己"的"克"也就是约束,或者抑制,说得强烈点就是战
胜。"己"指私己,或者说是由生物性的欲望需要而形成的自己,这
自己完全是保护着能够继续生存而形成的,所以我们可以用己身、
己私来说明,指的就是个人为了求得生存,在生物本能欲望的满足
下所形成的自己。这个自己为了自身的生存,所以他有封闭性,他
很自然地走向自私自利的那一个自己,我们所谓生物性的自己。"克
己"就是约束、抑制了这生物性的自己,不让他扩大。"复礼"的
"复"就是"信近于义,言可复也"的那个"复",是实践、践行的
意思。"礼",原本指西周的礼乐制度,不过到了春秋以至于到了孔
子的时候,又被赋予了新的意义。
　　孔子说,礼的大义中包含了适当、得体的意思。古人说:"礼
者,体也。"礼有整体、适当的意思。孔子从这个意思中开展出礼
的新意。孔子曾说,"礼之用,和为贵。先王之道,斯为美",换句

话说，礼，适当而得其大体，展现整体的和谐。"克己复礼"就是约束、抑制自己各种只求有利于私己的念头和作为，然后践行到整体适当的和谐上。"为仁"的"为"就是"是"，"为仁"，这就是仁了。能如此，也就是能达到圆满的生命自觉了。

"一日克己复礼，天下归仁焉。""一日"是一旦，言其时间的短暂。"天下归仁"这一句是承上一句"一日克己复礼"而来的。这"一日克己复礼"下面还要加上"而为仁"，而达到这一个生命圆满自觉的状态中，如此天下就归仁了。换句话说，当人们一旦能够抑制、约束自己的私心、私意、私己、私利的各种念头和作为，使自己达成生命的圆满自觉，在自我的内在和心智上，也就是达到了一个圆满彻悟的时候。换句话说，自己不再受制于生物性自私自利的冲动局限里，这已经能使自己跨越出人的生物性而进入人的"人之性"的领域了。他能展现人之性才能有的广大视野，看得见天下的林林总总，同时这些林林总总都可以被这一份生命的圆满自觉中所展现的智慧透照而清楚地显现。

这个观点也就是后代的孟子以至于宋明理学家们所强调的"万物皆备于我"，所有万事万物的理都能被我清明的认知所认识，就好像万事万物及万事万物之理都已存放在我们心中一样。"反身而诚，乐莫大焉。"我们只要回过头来，从我们自身的内在去看，我们就可以跟外在客观世界的一切相应，这种认知是一种非常大的快乐。

请朋友们注意，这不是唯心论，这是说明我们人的认知可以跟外在事物的那一份事理和现象完全应和，对于客观自然之理也可以看得清清楚楚。这也就是科学发展的重要原因。如此的大智慧透照在这样的一种客观的世界和人类的生命本身，我们所获得的生命的喜乐，没有比这更快乐的了。

孔子的这句"克己复礼为仁。一日克己复礼，天下归仁焉"也就是说，一旦人能够透过生命的自觉，使自己展现出属于人的生命能量、行为能力，我们就能进入到圆满的生命自觉的认知中，也就是生命自觉的大智慧中。这样能够使客观外在世界和现象世界中各种分歧、分裂、矛盾、冲突的现象全面回归到自己的"人之心"上，融合到没有冲突，没有对立，没有矛盾，一切都有相会通之处。这也就是古人在注解里所说的，能知宇宙大道中的天理，也就是能知并掌握到宇宙天地间的共同的道理；以至于在行为上也能做更为适当、更为合乎大体的抉择与作为。能有这样的认识就是一种大智慧的展现。这种大智慧是从孔子"克己复礼为仁"而后所产生；"天下归仁"乃是这大智慧的体现。

"为仁由己，而由人乎哉?""为仁"就是行仁，或说是践行仁道，也就是达到圆满的生命自觉的实践。"由"就是从。"由己"，是从自己践行而来。钱穆宾四先生说，行仁道当由己，不由人。如同克己，也是由己克之。复礼，亦由己复之，不由人也，一切都全从自己去做。这也就是说，生命自觉并想走向圆满全凭自己的实践。"而由人乎哉?""而"是指岂，就是难道。就是难道还是由外人去做的吗?

"颜渊曰：'请问其目。'""目"是条目，这是指颜渊请问孔子如何达成"克己复礼为仁"的条目。

"子曰：'非礼勿视，非礼勿听，非礼勿言，非礼勿动。'"请注意，这一句中间的四个"勿"字，就是"克己"的功夫了。而"视""听""言""动"就是一般所谓还没有生命自觉之前的一种属于私己、私见、私意、私心的活动。是以礼为准则；凡非礼的、不合大体的、不展现和谐的、没有适当分寸的、不内外统一的，都属于不合于礼的部分。所以就对这些不合礼者不看、不听、不言、不动了。使自己的一切视、听、言、动的部分，都能合其大体。这就是复礼处。

这里请注意，这不是只就社会一般习俗上的礼仪规矩而说的，而是指适当合乎大体、合乎群体和谐的一种作为。这作为包含内心，以及内心的抉择，还有内心的起心动念，以至于外在的行为。这内心、内心的抉择、内心的起心动念和外在的行为，都不再使自己和外在的世界发生扞格不入、冲突、对立、矛盾；同时也消除了自我内在的对立和矛盾。自我的生命成了一团和气，内心可与天地万物相通，这也就是"天下归仁"了。

所以当人透过生命自觉做到"非礼勿视，非礼勿听，非礼勿言，非礼勿动"，就是走向"天下归仁"的生命圆满自觉的状态。因此这一章请大家千万不要只是用世俗社会中的礼仪、规矩来解释它。这个礼字有礼仪性、规范性，可是它高于世俗社会的现行种种礼俗，是破除了私己、私意、私心、私见，而回归到天地大体之中，以及面对社会群生的一种适当的行为，并求达成整体的和谐性、自我的和谐性。

"颜渊曰：'回虽不敏，请事斯语矣。'""不敏"是说鲁钝、不聪明的意思。"请事斯语矣。""请"是敬请，是请求你允许我，这是古人说话中常用的一种敬语。"事"就是去做，去实践。"斯"就是这。"语"是指孔子所说达成"天下归仁"的条目。"回虽不敏，请事斯语矣。"就是说，我颜回虽然资质鲁钝，但也请老师准许我照着这句话去实践吧。

这整句话的意思就是，颜渊向孔子请问如何达成圆满的生命自觉。孔子回答说，能约束、抑制来自生物性的私心、私意，而能够践行于天地整体的仁道上，这就是在行仁道了，而可以走向圆满生命自觉的大道。人一旦超越了、克胜了人来自生物性的私心、私利，而践行到天地整体的仁道上，整个天地包含社会群生也都会回归到人在人之性上本有的通透圆融的心灵、心智上，不会再有在现实世界中各种现象中的那一种对立、冲突、分别、分歧的各种状态，人自然就会走向圆满的生命自觉，走向仁道。

而走向仁道，走向圆满的生命自觉之道，这一切都得凭着自我的努力、自我的反省和实践去达成，不是靠外在别人的推动而来做成的。

颜渊于是再问，请问达成仁道的条目有哪些呢？孔子说，先从人的日常生物性所构成的私己、私意、私心、私利的种种活动，如视、听、言、动的生活中超越出来，使自己不再受制于人的生物性中那一份只求自保的心理动机上，人就能够走向人的人之性的那一份心灵心智，而获得了自由与解放。如此，就可以走向仁道，走向人圆满的生命自觉。颜渊听了就说："我虽然资质鲁钝不够聪明，但我愿意照着老师的这番话去努力去实践。"

《颜渊篇第十二》12.5

司马牛忧曰："人皆有兄弟，我独亡。"子夏曰："商闻之矣：死生有命，富贵在天。君子敬而无失，与人恭而有礼，四海之内皆兄弟也。君子何患乎无兄弟也？"

"司马牛忧曰：'人皆有兄弟，我独亡。'"司马牛是孔子的学生，他是宋国的贵族，他有兄桓魋，就是孔子周游列国至宋而为难孔子的宋桓魋。司马牛不只有兄桓魋，还有兄巢，弟弟子颀、子舆，他们都在宋国掌权作乱。而后桓魋举兵谋反失败，逃到卫国去，他的几个兄弟也都跟着失败而死。司马牛虽然不赞成他的兄弟们的作为，但是也得逃亡国外，他孤单地栖身在异国。当时司马牛逃到齐国去，而后桓魋也到了齐国，司马牛只好再去吴国。可是吴国不接纳他，他只好再返回齐国，而后要到鲁国去。他就在这样的国际间流浪而无所归。再加上他的兄弟们个个都是乖戾之人，司马牛完全无法与他们相处，因此他发出了如此深沉的哀伤和感叹。"司马牛忧曰"这个"忧"就是非常忧伤的意思。"人皆有兄弟，我独亡。"这个"亡"音无，作"无"字解。"我独亡"，就是只有我没有任何兄弟。根据古文献，桓魋作乱两年后，孔子去世，所以在这里就是子夏作为一个同学去劝慰他。

"子夏曰：'商闻之矣：死生有命，富贵在天。'"子夏听到司马牛的感伤，于是劝慰他说"商闻之矣"。"商"是子夏的自称。"闻之"，简单地说就是听闻、听到。"之"，语助词。在这里"闻之"的含义丰富，是指"我从老师孔子那里听来的啊"。"死生有命"，"死生"指人的生和死。"有命"指人的生与死皆出于天命，不出于自己，自己无法决定。而什么是天命呢？天命就是天令。命者，令也。不过用命不用令，指上天所给予人，人无可拒绝、无可违抗。这就像人的出生不是由自己决定；人的死亡也是同样的，不必经过人的同意，一切是超乎人的外在的天决定的。这个命就是被规定的意思。"富贵在天"也就是说人世间的富与贵也不是个人所能决定的。

孔子就曾说过"富而可求"，富要是我们想求就求得到；"虽执鞭之士，吾亦为之"，即使要我去做一个赶车的人，我都愿意去做。有一个故事，说的是晏婴的赶车的司机因为有德，晏婴提拔了他。孔子借此来说明，人的生死是有条件、有命运的，所以不是说我要就可以得到的。富与贵同样是超乎自己的决定，决定在天、在命运上。因为富与贵是由各种条件、各种境遇所构成的，而这些条件和境遇就限制了我们自己，无法想要就要得到。

古今人类常将生和死、富与贵归之于佛家所谓无常、不能确定。孔子也因之而说，"富而可求也，虽执鞭之士，吾亦为之"。子夏听了，也就拿这话来告诉孤身逃亡在外的司马牛。凡属于命运的事，不只是生与死、富与贵而已，还包含了自身的出身，自身所存的社会和时代，等等这些都属于命运的事，不是我们个人所能决定的。所以对这些事情，我们不必过于忧伤。而我们可以掌握的事，乃是在于我们自身在生命自觉之后，能够真正了解到自己可行、可为、可做、可趋，这才是我们自己能掌握的事。能掌握了这个，就创造了自己的命运。

所以子夏讲，"君子敬而无失，与人恭而有礼，四海之内皆兄弟也"。"君子敬而无失"这个"君子"我们说过，指一个有着高度的生命自觉者。"敬"，古人解为专心一志，或者也有说凝神静气，由此而引申出就是敬重，真诚地敬重，我们常说恭敬的意思，凡言敬就表示绝不轻率。"无失"就是不丧失，不失落，合乎中道，恰到好处。古人说"无失即中"，就是在心神心智上，在情绪情感上，包括在作为上恰到好处。"敬而无失"也就是指从生命的自觉中让自己心神专一，无所闪失，做事不会因为自己的情绪的起伏，而有了差错，有了闪失。

西周初年，这个"敬"字就被提出，成为那个时代最重要的一种德性，一种行为。因此在近代讲中国思想史的，就以这个"敬"字说明西周初年是人性萌芽觉醒的时代。文王之所以为文王，就是因为他能敬，他具有生命自觉。所以说，西周文化的开展之所以被孔子称赞，就在于敬，在于生命自觉，而这个敬也就成为中国文化的核心字眼了。

"与人恭而有礼"，"与人"就是和人相处。"恭"就是自重。"有礼"在这里倒是可以简单地说，有礼貌，合乎礼仪，与人和谐相处，换句话说，也就是有分寸，识大体。"四海之内皆兄弟也。"前面孔子曾说，"克己复礼""天下归仁"，就是当人有了生命的自觉，逐渐摆脱来自生物性的自私自利，不再只求自己生存了。人从只求自己生存的那个封闭性的个体和生命中解放出来，如此开展出属于人的那个人之性的部分。这个部分，我们说过，有天地，有社会，有国家，还有众人、众生。如此，便能够与天地、国家、社会、众人、众生相通。所以就强调出"仁者与天地万物为一体"，甚至喊出"民胞物与"的这个口号。在这种精神下，四海之内的人都可以成为自己的兄弟了。所以"君子何患乎无兄弟也?"这个"患"是忧虑,担心。"何患",指何须去忧虑、担心的意思。一个君子人,一个生命的高度自觉者,何须去担心自己没有兄弟呢?这进一步地说,只要不再局限在封闭的自我生物性的生命体里,我们的人之性的心智开阔、开展;我们很自然地就和四海之内的人有所交往,能够沟通,四海之内也就都是兄弟,而走向天下一家大同的世界,所以何忧之有呢?

这句话就是,司马牛非常忧伤地告诉子夏,他说人人都有兄弟,为什么只有他没有,子夏宽慰他说:"我曾听老师说过,人的生与死是命运所决定的,不是我们个人能决定的;这就如同人的富与贵同样是老天的安排,包括我们每一个人的出生也是这样。不过,一个有高度生命的自觉的君子,明白了生命中的道理,了解到自我的抉择和命运间的界限,如此我们对于不是自我能抉择的部分就交给老天吧,自己无须多加费心费行而忧伤。在生命自觉之后,我们只要专心致志,使自己在处理事情上没有差池,对人能谦恭得体,同时把心打开,那么天下的人都会是我们的兄弟啊。这是我们可以掌握得到的。一个有高度生命自觉者何须忧虑自己没有亲兄弟呢?"子夏用这番话劝慰当时在流亡中为自身的遭遇而发出深深慨叹的司马牛。

我们说过,当时孔子已经去世了,子夏用孔子的教诲来提醒并安慰自己的同学,希望他能够跨出哀伤。可是,司马牛可能没有做到,他不久就郁郁而终,死在从齐国到鲁国的路途上。

《颜渊篇第十二》12.7

子贡问政。子曰："足食，足兵，民信之矣。"子
贡曰："必不得已而去，于斯三者何先？"曰："去
兵。"子贡曰："必不得已而去，于斯二者何先？"
曰："去食。自古皆有死，民无信不立。"

　　"子贡问政。"子贡请问孔子，如何去治理政事，也就是问为政
的大原则。"子曰：'足食，足兵，民信之矣。'""足"就是富足、
丰足。"足食"，古人说"仓廪实"，也就是粮仓粮食的储备非常的
充实，用今天的话讲就是国家经济和生产力很足够。甚至我们也可
以说，老百姓经济富足，大家都吃得饱。"足兵"，充足军备，古人
说"武备修"。"民信之矣"中"民"是指人民；"信"是相信，信
赖；"之"指政府还有其他人。"民信之矣。"就是让人民信赖政府以
及人与人之间相互信赖。

　　"子贡曰：'必不得已而去，于斯三者何先？'""必不得已而
去"的这个"去"是去除、取消。如果必不得已而需要去掉其中一
个项目，"于斯三者何先？""于"就是在。"斯"就是这，那以去掉
哪一个项目为先呢？"三者"是指"足食，足兵，民信之矣"这三
者。在这三个项目中"何先"，何者为优先，优先去掉它。也就是
说，哪一项可以先被去除。"曰：'去兵。'"孔子说，最先去掉的是
军备吧。

　　"子贡曰：'必不得已而去，于斯二者何先？'"子贡于是再问，

如果再必不得已要去掉这两个项目中的一项，那么于此两者间可以先去掉哪一项目呢？"曰：'去食。自古皆有死，民无信不立。'"孔子回答说，去掉粮食吧。"自古皆有死，民无信不立。"这是说，就人的生死而言，自古以来，人必然会有死亡，无食，没有粮食，会使人死亡，然而人与人之间失去了信赖，社会不再有信，那人以至于国家、人群、社会，甚至民族，都将涣散掉。这样人们就更无以为据，以求生存了，更不用谈生活的事情。是以在二者之间不得已只能先去食，以信来求国家、社会、人群、民族的凝聚力，并以此凝聚的力量来求改善国家、社会粮食的生产，军力的复兴。这是说，唯有信，才是人群、社会、国家、民族求食、求兵的基础，也是国家、民族再兴的力量。

　　这句话也就是说，子贡请问孔子为政的原则。孔子说，先让人民富足，国家粮食充备；其次要讲究武备，建立国家良好的军事防卫力量；第三，透过教育，让人民信赖政府，信赖国家，让社会、人民能相互信守诺言。子贡又问，假如遇到不得已的状态，在这三者之中，可以先去掉哪一个呢，孔子说，就先去掉军事的武备吧。子贡又再问，如果又必不得已，在这剩余的两项中，可以先去掉哪一项呢，孔子说，那就去掉粮食吧。因为就人的生死而言，人必会死亡，自古以来谁不会死呢，没有了粮食，人是会死亡的。但是国家、社会、人群相互之间失去了信赖，失去了自信，国家、社会、人群就不会再有凝聚力，这个国家、社会、人群必然涣散而不再存在，不能存在；如此人们更将失去了根本生存、生活的依据了，如此就没有再起的力量。要知道军备、粮食大多是一时之间的不足，重要的是只要有国家、社会、人民，就可以凭着信心，相互的凝聚，相互的信赖合作，走向国家、民族复兴的大道。

《颜渊篇第十二》12.11

齐景公问政于孔子。孔子对曰："君君，臣臣，父父，子子。"公曰："善哉！信如君不君，臣不臣，父不父，子不子，虽有粟，吾得而食诸？"

"齐景公问政于孔子。"齐景公是齐国的一位国君，名杵臼，谥号为景。鲁昭公末年，孔子到齐国去，当时齐国已经是大夫专政，和鲁国一样了。齐景公不以为意，并不认真地治理朝政，他只是一味地追求个人豪奢的生活：喜欢打猎，喜欢享乐，而且宠爱很多妃子。他一共有七个儿子，可是他不立太子。因此就形成朝廷中的政治纷扰，因为大臣各自拥立自己想要利用的世子。所以当"齐景公问政于孔子"，他问为政的要则时，孔子就如下的回答他。

"孔子对曰：'君君，臣臣，父父，子子。'""君君"，做个国君就要能够像个国君，能尽国君该尽的本分。"臣臣"，做个臣子要像个臣子，能尽臣子该尽的本分。"父父"，做个父亲要像个父亲，能尽做父亲的本分。"子子"，做个儿子就要像个儿子，能尽儿子的本分。

"公曰：'善哉！信如君不君，臣不臣，父不父，子不子，虽有粟，吾得而食诸？'"这个"公"就是齐景公。齐景公听了孔子的话就说道："善哉！""善"是好的意思。"哉"，叹词，"啊"。"善哉！"好啊，好极了啊。"信如"，"信"就是真实，"如"就是如此。"信如"就是真实如此，或说要是真实如此。如此什么？如此"君不君"，做个国君不像个国君，不能尽国君的本分；"臣不臣"，做一个臣子不能像个臣子，不能尽臣子的本分；做个父亲不像个父亲，不能尽父亲的本分；做儿子不像个儿子，不能尽儿子的本分。"虽有粟"，"虽"，即使。"粟"指粮食。"有粟"就是国家粮食生产非常丰裕。"吾得而食诸?""吾"，齐景公自称。"得"，能够。"食"，本意是吃，引申作享有、享受。"诸"，之于二字的合音，就是"吗"，疑问词。"吾得而食诸?"我能够享用它们吗？

这段话的意思是，齐景公向孔子请问治理国家的政治要则。孔子回答他说："做一位国君得像一位国君，能尽国君的本分；做臣子的得像个臣子，能尽臣子的本分；做父亲的得像一位父亲，能尽父亲的本分；做儿子的得像一位儿子，能尽儿子的本分。"齐景公听了说："真是好极了，说得真好。假如真是做一个国君的无法像一位国君，他不能尽国君的本分；做个臣子的不像个臣子，不能尽臣子的本分；做父亲的不像个父亲，不尽父亲的本分；做儿子的不像个儿子，不尽儿子的本分，那即使国家再有更多的粮食和钱财，我还能享有它们吗？"

齐景公听了孔子治国的要则，从他回应孔子的话来看，齐景公是一个明白道理的聪明人。可是从文献记载上来看，齐景公也并没有真正做好一个国君，他让这些臣子们成了好几个派别。他不立继承人，同时他让这些臣子各自拥立自己要拥立的世子，使国家有了各种分裂的迹象。到他将死的时候，他立了最宠信的妃子的小儿子来做太子，齐国的大臣借着这理由反对这个新立的太子，齐国正式分裂，让当时专政的大夫陈氏（也就是从陈国逃到齐国的陈氏大夫）有了专权的机会，最后让大夫陈氏夺取了齐国的政权。

这一章让我们看到，聪明的人虽然能理智地认识到道理的正确性，但是没有大智慧适当地处理自己私下主观感情的部分，最后还是因为"君不君，臣不臣，父不父，子不子"，为自己的国家埋下了亡国的祸根。

《颜渊篇第十二》12.16

子曰："君子成人之美，不成人之恶。小人反是。"

"君子成人之美"的"成"字是成全。古人说"人之善者，诱掖奖励以成之"，对于人好的地方，人之善者，透过诱掖奖励的方式去帮他完成。"诱"是指引导，不是引诱。"掖"是辅助，是帮助。"奖"是奖赏，是赞美。"励"是勉励，是鼓励。这是说，只要有人有优点，有好处，或者他做了什么样的好事，我们一定去用引导、帮助、赞美、鼓励的方式以助成他完成。"不成人之恶。""恶"是坏处，是坏事。这是不助成人的坏处、坏事。"小人反是。""小人"就是指一般人。我们说过，一般人就是指还没有生命自觉的人。"反是"的"反"，是相反。"是"是此。"反是"，正好和君子相反。

这句话就是，孔子说，一个君子人，一个有着高度生命的自觉者，会助成别人，帮助他完成他的好事，绝不会去助推别人做坏事。但是小人，一个没有生命自觉者，正好与此作为相反，也就是他不会助成别人的，反而会助成别人的坏事。

孔子的话正好说明，一个君子人他就是会去助成别人的好事，而不会去助成别人的坏事。一个没有生命自觉的普通人就不会去做助成别人好事，所作所为正好与君子相反。为什么呢？很简单，这就是我们曾说过的，君子是有着高度的生命自觉者，在生命自觉之中，他超脱出了来自生物性的自私自利，而能够与他人相通，不会只为自己打算；他不会始终停在自己和别人的竞争状态之中。因此，他自然能够成全别人之美，而不会去助成别人之恶。

至于小人，他在生命的认知上还是停留在生物争生存的位置上，他没有安全感，他随时都担心自己的生存被威胁，他自然不会助成人之善，只会助成人之恶。因为当别人失败，正好保障他自己的成功。因此他只想求别人的失败或毁灭，用这样的方式来成全自己。

这是孔子提出君子与小人待人的心态和方式，值得警惕。

《颜渊篇第十二》12.17

季康子问政于孔子。孔子对曰："政者，正也。子
帅以正，孰敢不正？"

"季康子问政于孔子。"季康子是鲁国当权大夫季孙氏的新继承
人。哀公三年的秋天，季桓子死，季康子就随之继位，于是他向孔
子请问治理政事的原则。

"孔子对曰：'政者，正也。'"这个"政"就是为政，治理政
事。也就是说治理政事的原则就在"正"，就是端正的正道，或者
简单说就是端正。"政者，正也。"政治的意义就是端正、正确地执
行自己的行为和职务。古人说端正正道，或者说在正道上端正自己。

"子帅以正"，"子"是您，指的是季康子。"帅"就是率领、领
导。"子帅以正"，就是您以正去率领所有的工作人员，包括人民，
您用端正的正道率领大家。"孰敢不正？""孰"就是谁，还有哪一个
敢不以端正的正道与行为来做事呢？

这话直截了当地说，就是在季康子继位，当他向孔子请教为政
原则的时候，孔子直接回答他："什么是政治？就是以端正的正道治
理一切事物；同时也是以正道端正自己，以自己的行为准则，来领
导所有的人。如此，所有的人也都自然地归向正道。所以您如果以
端正的正道领导大家，那在下的人谁敢不以端正的正道来做人做事
呢？"这就是说，不论做什么样的领导者，都应当把自身当成被领导
者的楷模，同时这样的领导者才能被被领导者尊敬和信赖。

《颜渊篇第十二》12.20

子张问："士何如斯可谓之达矣？"子曰："何哉，
尔所谓达者？"子张对曰："在邦必闻，在家必闻。"
子曰："是闻也，非达也。夫达也者，质直而好义，
察言而观色，虑以下人；在邦必达，在家必达。夫
闻也者，色取仁而行违，居之不疑；在邦必闻，在
家必闻。"

"子张问：'士何如斯可谓之达矣？'""何如"就是"如何"，或
者说要如何，要怎么做。"斯"就是乃、才。"可谓之"就是指可以
叫做，可以称得上。"达"是通达、显达。换句话说，作为一个知
识分子，一个士，要怎么去做才可以被称得上是一个通达而显达者
呢？或者说，才能求得通达而显达呢？

"子曰：'何哉，尔所谓达者？'""何哉"，就是怎么样说啊。这
个"何"，就是怎么样，如何。"哉"，"啊"，疑问词。这怎么样说
呢？"尔所谓达者？""尔"是你。"所谓达者"就是所谓、所说的那
个达者的意思是什么？这句话，"尔所谓达者？"你所说的那个达者
是什么意思啊？指什么而言呢？

"子张对曰：'在邦必闻，在家必闻。'""邦"指诸侯的邦国。
"家"指卿大夫之家，这个家不是今天我们所说的家庭、家族的家，
而是指在春秋那个时代卿大夫他所拥有的采邑，那个采邑也就是卿
大夫的小邦国了。"闻"是指名声昭著，非常有名，今天讲有高知名

131

度，有名声，有名望。"在邦必闻，在家必闻。"是说，在诸侯的邦国做官、做事就有一定的声名、名望，或者声誉，大家赞美，出了名了。在卿大夫之家任职、做事，也同样会有一定的名望、声誉。

"子曰：'是闻也，非达也。'"孔子听了就回答他说："这是闻啊，这是名声而已啊。这不是通达。"

接着孔子再说："夫达也者，质直而好义，察言而观色，虑以下人。在邦必达，在家必达。""夫达也者"，这个"夫"是指称词，就是那个、那些的意思。"达者"就是通达之士，或者说因通达才显达的人，可以做得非常好的这种人。"质直而好义"，这个"质"，本质的意思，或者说质量。"直"是正直，是朴质。古人说"内主忠信"，就是内心以忠信为主，也就是内心自身的生命准则、行为准则在忠、在信。

什么是忠？这个忠就是尽己、诚信、完全面对自己，尽自己的一切最好的力量曰忠。什么是信？就是真实，面对自我的真实，因而能诚信。"不事矫饰"，绝对不做虚矫装饰性的东西，就是不作假，不造作。

"而"是而且。"好义"的"好"是喜欢，是讲求。"义"是道义，是正义。喜欢讲求道义，讲求正义。

"察言而观色"，"察言"是指善于观察别人的言语、言论。这个善于观察别人的言语、言论是指善于分析别人的言语、言论。"观色"也就是善于观察别人的容色。"容"是指姿态，姿容仪态。"色"是指面部表情。强调的是不主观，不自我中心，而能够真正地尊重别人，在自己的心中是看得见别人的。在这样的前提下，能仔细倾听别人的言语或言论，以了解其中真正的含义，又能够观察到别人的肢体语言和表情，而能理解别人内心的动向和情感的需要。

"虑以下人"的"虑"是指在思想上，古人说"深思曰虑"，"深思"这叫做"虑"。"下人"就是愿意居于人下，也就是在与人相处中愿意退让而居于人之下，从心智、从思想上不与人争。

　　这样的待人处事，在诸侯的邦国做官、做事，一定能通达而显达；在卿大夫之家任职、做事，也一定能通达而显达。

　　孔子进一步说："夫闻也者，色取仁而行违，居之不疑。在邦必闻，在家必闻。""夫闻也者"，就是那些有声名、有虚名的人。"色取仁而行违"，"色"是指表面上。也就是他在表面上做得好像很有仁道，很有爱心，也就是用仁来作为自己的装点。其实质呢，毫无真实性的仁道的内涵，同时他也没有任何好义之心，所以"行违"，他的行为完全违背了仁道。"居之不疑。""居之"表面的意思是居于仁道上，而实际呢，他自己毫不怀疑以仁人自居，完全不质疑、不反省自己，他只会一味地作假。这样的人"在邦必闻"，在诸侯的邦国里，在任官、做事中，他一定用尽一切让自己有声名；他在卿大夫之家任职、做事，也一定用尽一切，不择手段来让自己成名。

　　这段话的意思就是说，子张请问孔子："作为一个士，作为一个知识分子，怎么样才算是通达而贤达者？"孔子说："你说的达是什么意思啊？你先说清楚这个达的意思。"子张回答说："我所说的达者，在诸侯之国做官、做事，一定会有名望，在卿大夫之家做事、任职，也一定会有名望。"孔子听了回答他说："这只是有声名、有名望而已，这不是因通达而显达的结果。而那个所谓达者，他一定得朴质、正直，并且讲求道义。他不主观，不自以为是，不以自己为中心。他对人非常地尊重，在尊重人的前提下，他会倾听别人的言语、别人的言论，去了解别人心中真正的心意，他能善体人意，他能从人的姿态、表情上看到对方心中真正的希望；同时他时时刻刻在思想上、在心智上都能够不与人争而谦退让人。他这样的待人处事，在诸侯之国任官、做事，就一定能因通达而显达；在卿大夫之家做事、任职，也一定能通达而显达了。"

这一章重要的就在通达者"质直而好义，察言而观色，虑以下人"。这不是我们平常所说的观言察色、伺机而动，去看别人在干什么，以便于自己怎么做事；而是践行忠恕之道，也就是当自我有了真正的认识，并因此而能推己及人，对人、对人性、对人心、人情有了深切了解之后，能体谅、能帮助别人完成他们想达成的好事。这是孔子所说的通达而显达的意思了。

《子路篇第十三》13.15

定公问：“一言而可以兴邦，有诸？”孔子对曰：“言不可以若是其几也。人之言曰：‘为君难，为臣不易。’如知为君之难也，不几乎一言而兴邦乎？”曰：“一言而丧邦，有诸？”孔子对曰：“言不可以若是其几也。人之言曰：‘予无乐乎为君，唯其言而莫予违也。’如其善而莫之违也，不亦善乎？如不善而莫之违也，不几乎一言而丧邦乎？”

　　“定公问：‘一言而可以兴邦，有诸？’”定公是鲁定公。“一言”就是一句话。“而”就是“就”。“可以兴邦”，“可以”是指能够，“兴邦”是兴盛国家，国家因之而兴盛，使国家兴盛。“有诸？”指有这样的事吗？

　　孔子对曰：“言不可以若是其几也。人之言曰：‘为君难，为臣不易。’如知为君之难也，不几乎一言而兴邦乎？”“不可以”就是不能够。“若是”就是像这样。“其几也”这个“其”是助词，作“之”字讲。这个“几”是期望。“言不可以若是其几也”就是说，对于话不能像这样的期待啊。“人之言曰：‘为君难，为臣不易。’”“人之言曰”这个“人”是有人。有人这么说。“为君难”，“为”就是做。“君”是国君。“难”是艰难。做国君是艰难的。“为臣不易”，做臣子也不容易。“如知为君之难也，不几乎一言而兴邦乎？”“如”是如果。“知”是真正地了解，真正懂了，真正明白了的意思，明白做国君乃是那么艰难的。"之"就是乃。能够知道国君是不容易的，要能有所担当的。"不几乎一言而兴邦乎?"这个"几"不是期待，而是近乎的意思，这不就近乎"一言而兴邦乎?"这一句话不就能够让国家兴盛了吗?

"曰：'一言而丧邦，有诸?'""曰"是鲁定公再问。"丧"是失掉。"丧邦"就是失国，失掉了国家，或者说是国家沦亡。"有诸?"有这回事吗?

"孔子对曰：言不可以若是其几也。"孔子还是回答他说，对于话不能够像这样地去期待着啊。"人之言曰：'予无乐乎为君，唯其言而莫予违也。'""人之言曰"这个"人"还是指有人。有人这么说过。"予无乐乎为君"，这句话可以这么说，"予为君无乐乎者"或者"予为君无乐者"。"予"是我。"为君"是做国君，任国君。"无乐乎者"，"无"是没有，"乐"是快乐的事。这是说，做国君没有任何快乐的事啊。"唯其言而莫予违也。""唯"就是只有，唯一。"其"是那个。"言"是说话。"莫予违也"就是"莫违予也"，"予"是我。"违"是违抗。"莫"是没有。没有一个人违抗我，敢违背我。这就是说，做国君没有任何快乐的事情，唯一只有一件快乐的事情，就是我说话大臣没有一个敢违抗我的。"如其善而莫之违也，不亦善乎?""如其善"，"如"是如果；"其"是指那句话，国君说的那句话，那些话；"善"是好的。"而莫之违也"，"而"是而后，然后；"莫之违"就是"莫违之"，没有一个人敢违背他。"不亦善乎?"这不也就是一件好事吗? 这不也就是很好的一个状况吗? "如不善而莫之违也，不几乎一言而丧邦乎?""如"就是如果。可是如果国君说的话不好，却没有一个人敢违背他，不就近乎是一句话而丧失了国家，是不是呢?

这整句话的意思就是，鲁定公向孔子问道："有一句话就可以使国家兴盛的吗？有这回事吗？"孔子回答说："对于话不能够有这样的一种期待啊。不过有人这么说过，做国君是件艰难的工作，同时做臣子也不容易啊。如果做国君的真懂了做国君的艰难，而好好地去做好国君的事，这不几乎就是这一句话使国家获得兴盛了吗？"鲁定公听了又再问："有没有一句话就能使国家丧失沦亡的，有这件事吗？"孔子仍然回答说："对话不能这样的期待着啊。不过也是有人说过，做国君实在没有任何让他快乐的事了，如果有快乐的事，唯一的就是他说了什么话没有一个大臣敢违抗。如果国君说的那些话是好的、是善的，大臣们不敢违抗，不也就是件好事吗？可是如果国君说的不是好的、不是善的，这不就是这一句话就会让国家丧失了它的存在而亡国了吗？"

孔子面对国君鲁定公，从他的提问中循循善诱，逐步开导，从日常生活的人生情理中切入、提醒、启发鲁定公。孔子真是一位好老师啊！

《子路篇第十三》13.23

子曰："君子和而不同，小人同而不和。"

"子曰：君子和而不同。""君子"，现在大家都知道，在《论语》里所说的君子，多半指有着高度生命自觉的人。"和而不同"的"和"是调和，是和谐。而什么是调和，什么是和谐呢？古人说："五味调和而成食，五声调和而成乐。"五味指的是酸、甜、苦、辣、咸，简单地说，五种几乎完全不同的味道。我们的菜肴好吃，是由这几乎完全不同的味道混合而达到和谐状态的一种成果。而做菜肴的食材，也是由许多种完全不同的材料互相汇合而成的。

因此古人讲"调和鼎鼐"。"鼎鼐"本来是指宫廷宴会用大鼎、大锅煮出最丰盛好吃的菜肴，里面放置各种食物的材料还有调味料，而后通过烹饪煮出最鲜美好吃的食物。这些味道，以及各种食材，虽然不同，但并没有造成冲突，好的厨师反而将各种不同的味道综合、调和，使它同中有异、异中有同，融合成一综合性的新的口味，煮出的食物成为最好的味道。在人事上、在政治上，包容、协调，以至于达成和谐，大家团结成一体，这就叫作"调和鼎鼐"。这是以烹饪象征人事。

五音，是宫、商、角、徵、羽。这个"角"古人有人念"陆"音，本字是角，不过我们从俗，仍叫宫、商、角（音决）、徵、羽。五种声音、音调调和起来，就成音乐了。所以古人又说，五味调和，还得再加上水、火、酱、醋，以及各种不同的食材，调和各种不同的味道，而后才能出滋味，才能成滋味。而音乐是八音和谐，所有的声音加在一起，也就是在五音之外还有高低、长短、徐急，另外各种乐器大家合奏、调和，以至于和谐，展现悦耳好听的音乐。

不论是滋味也好，音乐也罢，其实这世界的构成，这宇宙的构成，不也就是这个样子吗?《老子》书里就说，这世界的构成，是"有无相生，难易相成，长短相形，高下相盈，音声相和，前后相随"。又说"反者，道之动"，就是相反的这种回转的流动，乃是道的流动形式及道的形态。在《易经》的《系辞》里也讲，"一阴一阳之谓道"，阴阳组合才构成了这个宇宙。这是宇宙天地中所展现相反相成、多元而又一统的"太和"状态。

所谓太和，就是各种各样的事物，各种各样的因素，各种各样的人，各种各样的民族和文化，等等组合而成，达到了和谐的状态，共同生存、共同生活、共同发展、共同享有一切，这就叫作太和。是以今天故宫还有太和殿。《礼记》用"大同"两个字来说明这太和之境，表示同中有异、异中有同，一切相反相成而没有冲突，没有矛盾，达成和谐，完成一统，共同生存，共同发展。这不是"小同"。

所谓"小同"，就是单一的、完全的相同;我们也可以换一种说法，就是纯粹、同质性的"同"。小同，也就是在它的内部再也没有任何的差异性，都一样了。也因此形成了"同"，这是具有排他性的，它不具有包容各种不同事物的状态。

"君子和而不同"，一个在生命自觉后的君子人，他的内心具有广大的包容性，他和人、和物、和天地都能和合兼容。"而"是但是。"不同"就是不会要求大家一定要一致，一定要如何如何，绝对不能不一样，不能相反;也就是容许大家同中有异、异中有同，各自可以展现自己的个性、自己不同的想法，包括自己不同的选择。

"小人同而不和。"我们说过，"小人"就是还没有生命自觉的人，也就是仍然生活在生物求生存的利害得失之间的人。在这样的一种生存的维系和追求中，他努力地寻求自我的巩固，避免会有任何利益的损害，于是就在这趋利避害之中，自然求同。因为，在同质性的维护和完成里，大家可以互相地在共同的利益中而去做生存的努力。它的一种特色就在于拉帮结派，以求巩固自己的力量。这种生活的方式就是求同的方式。它不容许差异，自然也就是没有那份太和之境了。

这也就是说，一个有高度的生命觉醒者，他有大智慧，他能了解这个世界、这个宇宙，是多元而一统，是相反相成，它是由不同的事物共同组建构成的，它是由一切的元素组合而成。也因此，凡有着生命觉醒的君子，了解到这种状态，看得到人与人间就是这样大同地生活着。所以他能够与人和谐相处，能够尊重别人的需要，而不会拉帮结派，组成同性质的团体。

还没有生命觉醒的人，他们仍然生活在争取生存的这条界限边缘，他们受生物的自存冲动的约束，为了保障生存的安全，他的生活方式、行为模式就是拉帮结派，然后大家团结在一起，以成同性质的帮派，以求维护自身的利益。

我们看，今天的世界，不也正是有着君子与小人之别吗？

《子路篇第十三》13.26

子曰:"君子泰而不骄,小人骄而不泰。"

"君子泰而不骄"这个"泰"字就是舒泰安详。古人说,君子人的内心坦荡荡,所以他的"心貌怡平"。他的心,就是他的内心;貌,他的肢体,他的容貌,所谓肢体语言,就非常的怡平。怡,是非常休闲;平,是平缓,很休闲,很舒泰、平缓。因此,就是舒泰安详。古人又说,君子人不会"众暴寡",不会借着众人的势力去对少数人施展暴力,也就是不会以众多的力量去欺负少数的力量;也不势利,只重视大的力量而看轻小的力量,或者只重视大的利益而看轻小的利益。

同样,君子也不会骄傲、侮辱人。同时也因为他不会"众暴寡"、大欺小,所以他的内心自然舒泰安详。而什么是骄傲?骄傲就是指高抬自己以欺凌人。君子人因为有生命的自觉,所以他不会高抬自己,而去欺凌人。

所以我们可以这么说,"君子泰而不骄"。而凡是骄傲的人,他的内心一定空虚自卑,没有依凭,只好高抬自己,欺凌人以掩饰自己的内心的空虚、脆弱。

"小人骄而不泰。"我们说过,"小人"就是指在生命还没有觉醒之前的那种状态,只求生存,这种心理状态,我们都知道,就如同生物一出生就只争取生存、保障生存,以求自己生存的安全,也因此在各种状态下容易高抬自己,做出凌驾于别人之上的样子,如同螳臂当车，蛤蟆鼓气——装牛，都是虚张声势以强调自己的存在，确定自己存在的位置，是以自然而然就傲视别人了。因为小人一心只求保护自己的利益，心中患得患失，在精神状态、心理状态上自然就非常焦虑，而且容易走向忧愁状态，这样就自然无法安泰祥和，所以"小人骄而不泰"了。

《宪问篇第十四》14.5

子曰："有德者必有言，有言者不必有德；仁者必有勇，勇者不必有仁。"

"有德者""德者，得也。"这个"德"，古人解作"得"，也就是心得。在有心得之后，能自然实践，表现在行为上，就是道德的德。所以古人说"得道于心而现之于行"，表现在行为上。"有德者必有言"是说，德者乃是在道上有了体会和心得，而后自然就在行为上表现出来了。古人还有一句话，"诚于中而形于外"。至于什么是道呢？在儒家，孔子指的就是仁道，也就是圆满生命自觉的生命大道。我们知道仁道是生命自觉圆满的大道。在这生命自觉圆满的大道上有了体得，这种内在的经验，无论是对人、对己，或者是对事物，对生命的本身，有了一份比平日更深入的认识，更深入的了解，以至于有了更深入的观察，而有了更深入的体悟。于是就把这一份深入的生命的体得自然地表达。而这表达是用言语表达。这种言语就是触动人心的言语。"言"就是言语，在这一句里是指有德之言，把内在深沉体得之言、感悟之言说出来之后，必有感动人的地方。他在这一份体悟的言语表达中自然动人；而他也必然能有言语的表达，来说明他内在的体悟。

"有言者不必有德"这个"言"指的是一般漂亮的语言。"有言者"，就是指一般会说漂亮华丽言语的人。"不必有德"，是指不必一定要有道德体悟、道德体得。我们在现实的生活里可以看到，好多有文采之士，他们不一定具有生命性的体得，当然更谈不上生命的自觉。然而他们在语言文字的呈现上，会有美丽的辞藻，会有漂亮的言语。也因此，"有言者不必有德"。

"仁者必有勇，勇者不必有仁。""仁"，我们说过，就是圆满的生命自觉，圆满的生命觉醒。而凡是达到圆满的生命觉醒的人，他们在自我完成的生命方向上，清楚明确，如此他会毫不犹疑地一往直前，没有惧怕，充满勇气。这也是孔子说的"知之者不如好之者，好之者不如乐之者"的意思了。

凡有生命的自觉，享有生命的大乐，他就会充满勇气地走向他生命的目标，以求自我的完成、自我的实现、自我的创造。

"勇者不必有仁。""勇者"一个单纯勇敢的人，这个单纯勇敢的人就是一般人，还没有到达生命自觉这个层次的一般人，他本身的勇敢，常常是一时的冲动，也就是所谓血气之勇。这样的人可能天生有这样的性格，如同子路，他在性格上就是勇而不让，所以孔子不断地提醒他。在他还没有遇到孔子的时候，他就已经冲撞、勇敢，遇到事情直接去做；而后受教于孔子，虽然并没有完全改变他原本性格中就有的勇敢，但他依照孔子说的"好谋而成者"——任何事情，都该好好地想想，规划规划，去好好地完成它——他将勇敢化成了坚定誓守自己的理想，维持正义的原则，并且在所有的事务上做出明确合乎自己性情的抉择，甚至死而不悔，殉难于自己的理想。达到这种程度可谓"仁者必有勇"，而这种勇也就不同于子路原先的血气之勇了。

所以说，有人天生有勇，"勇者不必有仁"。没有仁的勇者，他所表现的都是小勇、血气之勇；至于有生命自觉的仁者，他所行的勇气则是生命中的大勇了。

《宪问篇第十四》14.8

子曰："爱之，能勿劳乎？忠焉，能勿诲乎？"

　　这个"爱之"，指的是真正的爱，真正的关心。而什么是真正的爱，真正的关心呢？真正的爱，真正的关心，是打心底对所爱的人有深入到自己生命和对方生命的那一份爱和关心。而什么是深入到自己生命和对方生命的那一份爱和关心呢？也就是把生命性作为爱与关心的凭借。也就是说，希望所爱的人，能够真正活得好，让他具有生命的能力。在爱的方式上不是一味地迎合对方的要求去表达，也不是一味地让对方有所依赖以表达自己的爱；而是支持他，鼓励他，开导他，协助他，展现和学习用自己的力量开展自己的生活，使自己的生命的本身有了创造力、发展力、实践力，也就是让对方在自己的生命上站了起来。

　　因此，"爱之，能勿劳乎？"真正地爱他，我们能不教他勤劳吗？什么是勤劳？勤劳就是孔子说的能"敏于行"，就是遇到事情，很快地承担，不怕事，就是具有生命的承担力。事情来了不逃避，很快捷地承担起责任。这是一种生命的能力，而这种生命的能力是从劳动中学习、锻炼出来的。所以孔子说，真正爱一个人，能不教他勤劳、勇于任事吗？这包括治理政事、治理社会、治理人民。

　　在《国语》的《鲁语》上就说，教导人民勤劳，人民才会从工作中学习反省，他们会试着去改良各种生产技术、生产方式和生产力的使用。当能够改良各种生产技术、生产方式、生产力的适当的使用，人们就能够思考，同时就能够做有利于生命发展的思考。这在心理上、在思想上，就是一个正向力量的获得。如果过于安逸，反倒是会让人怠惰而产生有害的负面情绪，以至于伤害到人们正常生活的能力了。古人说这个观点是《论语》这句话的正解，提供给大家作参考。

孔子又说："忠焉，能勿诲乎？""忠"，尽己曰忠，也就是能尽自己的最好的力量、最大的力量，尽心尽力对待一切的事物。这引申也就是我们忠于人、忠于国、忠于君，忠于什么的一个基本含义。我们今天有忠于人民、忠于国家，或者忠于一个领导者。这个忠，其实也就是涵盖着真诚的爱。"能勿诲乎？""诲"是教诲。能不教诲他吗？教诲什么？古人说，教诲是使之趋向正道的道理和引导，也就是教导人们能够走向正道，能够发展正道，能够在正道中行。如此，才能展现所谓对人、对所爱者尽心尽力的这一份爱、这一份忠。在教诲中让他在正道上真正呈现出生命的活力和能量。

所以孔子说，当我们忠于他，也就是真正有心爱他，我们就当用正道来教诲他。这一章孔子提出了什么是正确的爱，什么是正确的忠，其实这章的爱和忠，包含的是人生命中的大爱，不是我们平常指具有占有性的小私小爱。

《宪问篇第十四》14.18

子贡曰："管仲非仁者与？桓公杀公子纠，不能死，又相之。"子曰："管仲相桓公，霸诸侯，一匡天下，民到于今受其赐。微管仲，吾其被发左衽矣。岂若匹夫匹妇之为谅也，自经于沟渎而莫之知也？"

"子贡曰：'管仲非仁者与？桓公杀公子纠，不能死，又相之。'"管仲，也是姬姓，就是跟周同一个姓氏，是周穆王的后代，齐国的丞相。他使齐桓公称霸诸侯，一匡天下，是春秋时代的法家代表，在中国历史上作为丞相的典范。"非仁者与？"这个"非"就是指不是。"仁者"，我们说过，是圆满的生命觉醒者，也就是圆满的生命自觉者。这个"与"是疑问词，等于今天的"吧、吗"这一类的词。"非仁者与？"就是管仲不是一个圆满的生命觉醒者吧，为什么？

下边说"桓公杀公子纠，不能死，又相之"。春秋时，齐国的齐襄公无道，引起国家的内乱，桓公和公子纠都是齐襄公的弟弟，他们怕被牵连，于是由两位老师陪侍逃往鲁国。而后齐襄公被拥立公子无知的大臣杀掉了。公子无知是襄公的堂弟。可是不久公子无知又被反对他的大臣杀了，他们迎齐桓公小白回齐国继位。齐桓公继位后，立刻兴兵攻打鲁国，逼迫鲁国杀了公子纠。不过齐桓公却邀请了管仲、召忽回国治理政事。召忽立刻自杀，身殉公子纠；管仲则接受，回到齐国。齐桓公大臣鲍叔牙全力推荐管仲，于是齐桓公立管仲为相，而开了春秋齐桓公尊王攘夷的霸业。尊王，就是仍然尊周天子。攘夷，是一个文化政策，也就是排除游牧文化、侵略文化，而以中原的和平、合作、共享的文化为整个中原基本的社会政治秩序。如此开出了春秋齐桓公的霸业，也就是一匡天下。齐桓公重新整顿了当时的动乱时代。子贡就这个历史事件请教孔子，管仲不能身殉公子纠，又为齐桓公的相，这样的人，不该是一个有着生命自觉的人吧，他不该是一个有仁德的人吧。

"子曰：'管仲相桓公，霸诸侯，一匡天下，民到于今受其赐。'""子曰"，孔子听了子贡的问题，就回答子贡说。"管仲相桓公"，这个"相"作动词用，"相桓公"就是为桓公之相。这个为，就是做，是担任。管仲担任桓公的丞相，辅佐桓公。"霸诸侯"，"霸"也作动词，就是称霸，在诸侯中称霸，成为诸侯中的霸主。"霸"，古音伯，指的就是老大。"霸诸侯"，就是成了诸侯中的老大。"一匡天下"这个"匡"古人有的作"正"字解。"一匡"就是"一正"，"一匡天下"就是"一正天下"。不过这样说似乎不够清楚。其实"匡"的原意就是"筐"，原本是用来装饭的食器，再引申作规正解，因为箩筐有它的范围，有它的轮廓、边界，于是借箩筐的范围引申作规正。这里的"匡"也是作动词用，就是匡天下于一。这个"一"就是统一，或者说一统。统一是偏重在政治上；一统是指天下有着共同的文化理想和世界秩序。管仲相齐桓公，仍然确立了西周以来所建的天下理想与世界秩序，这也就是指西周以来的礼乐教化。因为这个举措、这个大政，所以确立了华夏文化、礼乐文化乃中原的正统文化。

而这个正统文化不同于戎狄的文化。戎狄的文化是游牧的文化，游牧的文化的特质是带有侵略性的。礼乐文化乃确立了共生、共存、共有、共享、共尊、共荣、互助、合作的文化；不同于戎狄文化以游牧为主，靠天吃饭，不免为了求自己的生存，而有着强烈的侵略性、掠夺性。

春秋时代，华夏和戎狄是杂处的，华夏以城邦农耕的生活为主，戎狄则以游牧于周边的草原为主。管仲辅佐齐桓公，九合诸侯，一匡天下，共同确立了共同合作的礼乐文化，并以此作为民族的界限：只要愿意加入共同合作的这个经济生活圈，就如同兄弟一般；反之，虽然是同姓、同族，同为兄弟，有着血缘的关系，可是采取了戎狄的侵略性、掠夺性的经济政策，就不是同族了，不是兄弟了。这个大政对传统中国的影响至深且巨，并且明确地建构出华夏文化、华夏文明，以及中华民族。

虽然当时的齐桓公、管仲距离孔子一百五十年以上，不过，孔子洞见这大政的正面影响，也就是根据了九合诸侯不以兵车，不发动战争，并不侵略，而一正天下，以作为肯定齐桓公、管仲对天下的贡献，民到于今都受到这个政策的恩惠啊。也就是说，人民到今天都还在这样的一种政策的恩惠之下啊。

"微管仲，吾其被发左衽矣。""微"就是无，也就是没有的没。"微管仲"，就是要是没有了管仲。"吾其被发左衽矣。""吾"是指我们，也就是孔子所说的那时候整个中华民族，包括他个人。"其"是应该。"被发"这个"被"当作"披"。"被发"就是披散头发。有古人说，被发是不束发，就是不把头发给绑起来，而是将头发编成了辫子，它不作散发讲。不论如何，中原汉族在成年后是把头发绑束起来，以便戴帽子、戴冠的。"衽"是衣襟。"左衽"是戎狄的衣襟向左边开，而中原是往右边开。衣服的背后有文化性的标志。这句"微管仲，吾其被发左衽矣"的意思也就是说，要是没有了管仲，我们今天也将被发左衽成为戎狄了，或者说成为夷狄了，而会失去了人类共同、共有大生的生命理想。换句话说，只要是人，我们都能够享有活着的那个权利。这是传统中国共有的、共同的大生的一个生命理想。

"岂若匹夫匹妇之为谅也，自经于沟渎而莫之知也?"这句的"岂若"前面可以加管仲来作主词：管仲岂若匹夫匹妇之为谅也，自经于沟渎而莫之知也? 这或许比较清楚。"岂若"的"岂"是难道。"若"是要像，或者如。"匹夫匹妇"指一般普普通通的男男女女，就是还没有生命自觉的一般人。"之为谅"的"之"作乃，"为"是守着，"谅"是小信、小节。也就是说，难道要像一般人只是守住小信、小节，然后"自经于沟渎而莫之知也?""自"就是自己。"经"就是缢，也就是把自己吊死，这里引申作自杀解。"于"是在。"沟渎"是沟渠之中。"而"是乃。"莫之知"就是没有人知道他们。"莫之知"就是"莫知之"，"莫"是没有，"知"是知道，"之"是指他们。没有人知道他们。换句话说，难道要像一般的人只为了一些小事、小信、小节而自杀，让自己死在沟渠之中，没有人知道他们?

这一章的意思，子贡请问孔子说："管仲不是个有仁德圆满生命自觉的人吧? 你看，齐桓公杀了自己的哥哥公子纠，管仲非但不能够守节，如同召忽般为公子纠而死，竟然还接受了邀约，去担任齐桓公的丞相，这样的人该不是一个仁德有生命的自觉者吧?"孔子听了子贡的问题回答说："管仲成为齐桓公的丞相，辅佐齐桓公称霸诸侯，使当时分崩离析的天下重新匡合起来，并且重新确立了西周以来所建立的礼乐文化，这是天下共同的生命理想和生命秩序，并以此重建礼乐教化，重新让礼崩乐坏的春秋时代再建立天下共同的

150

生命秩序。他尊王攘夷的这份大政持续到今天，人民都还受到这大政的恩惠啊。历史上要是没有了管仲，我们应该也已经披散着头发，穿着向左开襟的胡人的衣服，化成了戎狄了吧？管仲难道需要像一般普通人只是死守在一些小信、小节上，遇到重大事件的时候只能自杀于沟渠之中吗？这样谁又能够真正了解他们而受教呢？"

这章是孔子对匹夫匹妇的批判，宋儒认为孔子实在是太功利了，于是不惜强为之解说："桓公是哥哥，子纠是弟弟，哥哥杀了弟弟。"他们想以这个理由减轻管仲没有身殉之罪。国学大师钱穆宾四先生说，宋儒不知孔子之大义，是更超越了兄弟君臣之上的。钱先生又说，人道之大，尚有大于君臣之分者，然则华夷之防，事关百世。也就是说华夷的界限是关乎百代之后一个民族的大问题啊。假使没有了管仲，说得简单，后代也就没有了孔子，孔子出生的时候也就是被发左衽的一个戎狄而已啊。所以说孔子的这番话实在是为我们的万代建立起了最重大的教育观念，不是只为了管仲一个人辩白而已。

钱先生再说，我们应当知道，信和义是因为人道而产生，不过假如信与义无补于人道之最重大者，比如民族的存亡、国家的存亡，那么小信小义再多，对国家民族的存亡没有帮助。所以为国家、民族大义而不死，不能只从忘信负义的观点来批判。我们当从国家、民族来谈这个问题。

请大家注意的是，这章分辨人道和仁道的大处和小处，如果仅属于个人、私人之事的信义，我们可以说那是小信小义，那是尽个人的小节；如果关乎整个国家、民族、文化的生死存亡的大事，我们要尽的是大信大义的大节。孔子赞许管仲为仁者，乃是赞许他能为天下完成大信大义的大节，管仲之功，功在天下，功在万世，是管仲自我生命觉醒的最高的表现。孔子论仁道以至于人道的大处，在这个地方请大家特别注意，孔子认为管仲的这个表现是管仲生命自我觉醒的最高处了。

《宪问篇第十四》14.25

子曰:"古之学者为己,今之学者为人。"

"古之学者为己",这个"古"指古代。这里的"学"是指学习,求知识。"为己",古人解作"欲得于己",就是想要让自己有所得,有心得,有所长进的意思。换言之,"欲得于己",就是充实自己。古人以荀子所谓"君子之学以美其身""入乎耳,著乎心"的一种学习来解释"为己之学"。"君子之学以美其身"的"君子"就是孔子所说的生命的自觉者。"以"是用、用来;"美"是美化、充实;"其"是自己;"身"指身心而言,不单纯只是身体或者行为,它还包含了心理,也就是人的身心。这是说,一个生命自觉者的学习,是为了充实、美化自己的身心,为自己而学,为自己有所体得而学,因此"入乎耳,著乎心"。"入乎耳"就是从耳朵进来,由耳朵听到了。"著乎心"这个"著"就是停留,停留在心上,也就是牢牢地记在心里,使自己的心更为清明,更为深刻,使自己的智慧更为深入。

"今之学者为人。""今"就是现在。"为人"就是为了让别人看得见,让别人知道,古人说"欲见之于人",想要表现在别人的面前。古人也用荀子话来解释说"小人之学以为禽犊"。"小人"也就是孔子所说的一般人,还没有生命自觉的人。"以为禽犊","以为"就是用来作为,"禽犊"指的是礼物。古人依古礼,当他去拜访别人的时候,依礼一定要带着礼物作为见面礼,古人称作"贽",也就是所带的见面礼。在那个时代，通常作为见面礼所带的或者一只鹅，或者一只鸭，或者一只鸡。"犊"是小牲畜，一只小猪，一只小羊，有点像今天乡村走亲戚的时候，还是带着"禽犊"去当作礼物送给亲戚朋友。所以"禽犊"引申就作礼物讲；同时再引申也可以作为为了求人提拔送礼物，作为工具，作为敲门砖，求人对自己有所帮助，有所提拔，以达成自己往上擢升的目的，改变身份的目的。小人求学是把学习知识当作求人提拔的礼物或者工具，所以荀子又说"入乎耳，出乎口"，其间只有几寸。换句话说，知识用耳朵听到了就立刻用嘴讲了出去，好让别人知道自己有学问，以炫耀自己，这就是"为人之学"，为别人而读书，为别人而求知识，为别人而做学问，为得到更好的职业而读书而做学问。

所以这句话，孔子说，古代的学者是为了充实自己，使自己有所长进而学习，现在的学者则是为了给别人看，炫耀自己，以求得别人的肯定而学习。

就学习的目的而言，孔子的意思是要求自己的长进，自己内心的长进，自己精神的长进，让自己在认知、智慧有了体得，有了高度，这是人在高度自觉下的体现。如果学习的目的只是为了求别人肯定或用来炫耀自己，这种学习则还是在争取生存之下的一种心理状态，也就是还没有达到生命自觉的层次上了。

《宪问篇第十四》14.35

子曰："骥不称其力，称其德也。"

"骥"是好马，是千里马之名，这种马一日能行千里，因而称这种马叫作"骥"。不过，这种马叫作"骥"却不是因为它能够走得这么远、有力量行得这么远，而是这种马，它的德性非常的优良，也就是说这种马，它的性情非常好，它的灵性很足，它能够与人的心意相沟通、互动、和谐。它也善于学习，人们很容易教导它，所以称它为"骥"，一匹好马。"不称其力"，这个"称"是称扬，是赞美。"其"指马。"力"就是力量，走千里的力量。"不称其力"，就是不称扬、不赞美它能走千里的力量。"称其德也"这个"德"就是指它的好性情、好行为。这种好的行为来自它的好性情，以至于有着好的品性。它的品性就是指它能够领会、善解人意，在人的教导下发挥出自己最好的长处，如此才成为千里马。

这句话也就是说，孔子告诉人们，称千里马为骥的，不是称扬它的力量，而是称扬它善解人意、接受教导，它能发挥出自己最好的能力，展现它自己最优良的品性。所以重点在它能善解人意、接受教导，由此而能发挥出自己最好的能力，展现自己最好的德性，而这也就是千里马所展现的它的一种生命自觉。

《宪问篇第十四》14.36

或曰："以德报怨，何如？"子曰："何以报德？以
直报怨；以德报德。"

"或曰：'以德报怨，何如？'""或曰"是有人说。"以德报怨"
的"以"就是用，或者拿。"德"在这里作恩德讲，也就是恩惠的
意思。"报"是回报。"怨"是怨恨。"何如？"就是如何呀，怎么样
呀？这句话就是说，有人问孔子，拿恩惠、恩德去回报怨恨，这怎
么样啊？

"子曰：'何以报德？以直报怨；以德报德。'""何以"就是"以
何"，也就是用什么。孔子回答问的人说："那拿什么来回报有恩
惠的人呢？""以直报怨；以德报德。""直"就是直道。什么是直道
呢？直道就是指公平无私、正直公平之道。"以直报怨"，也就是
拿公平无私、正直公平的方式、态度回报怨恨。"以德报德"这个
"德"是恩惠、恩德。而什么是恩惠、恩德呢？就是充满着善意，给
人好处，给人帮助。"以德报德"，就是拿恩惠、恩德去回报给有恩
德、恩惠的人。

这句话的意思就是说，有人向孔子请教，用恩德、恩惠来回报、
报答以怨恨对待自己的人，这个方式怎么样。孔子回答说："那你用
什么来回报、报答对你有恩惠、恩德的人呢？人应当用公平无私、
正直公平的方式回报给以怨恨对待自己的人，而用充满善意的方式
去给予、协助、回报、报答对自己有恩德、恩惠的人。"

宗教信仰常教人以德报怨，这是极其高尚的一种作为，但就一般人而言，却是不容易做到的。

而以怨报怨，我们看，多半实行在现实社会中，是现实社会人与人之间的某种常态。以怨报怨，这确实太狭窄了。我们看今天世界许多的战乱都是以怨报怨，这实在是太过生物性，太狭窄。

孔子说以公平无私、公平正直来回报怨恨，确实是极好的方式。这也就是不挟私怨，不以复仇的方式，公平正直地对待伤害自己的人，同时也让这种伤害人的人明白伤害人的不对。"以直报怨"中的"直"包含了这样的意思。

同时，在公平正直的前提下，以恩德、恩惠回报对自己有恩德、恩惠的人，这样世界才会走上公平、正直、无私、合乎正义的路。这里面含藏着人的高度的生命自觉，能适当地、得体地、合情合理地处理人世之间的恩恩怨怨。

这句话从西方的观点看，是有高度理性的展现；从我们的观点看，这就是一种高度的生命自觉下所做的适当的作为。请大家深深地玩味体会。

《宪问篇第十四》14.45

子路问君子，子曰："修己以敬。"曰"如斯而已乎?"曰："修己以安人。"曰："如斯而已乎?"曰："修己以安百姓。修己以安百姓，尧舜其犹病诸。"

　　"子路问君子"，子路是孔子早期的学生，只比孔子小几岁而已。他向孔子请教如何成为一个好的君子，或者说何为君子之道。请注意的是，这里的君子，不是原先所说的生命高度觉醒者，而是指为政者、领导者，或者在上位的人。

　　"子路问君子"，就是子路向孔子请教如何成为一个好的领导者，好的为政者。子曰："修己以敬。"孔子回答他："修己以敬。"这修己以敬，有两个层次的说法，一是以敬修己，就是拿"敬"来修养自己，这是自我修养的入手处。我们从何处作为修养自己的开始? 我们就从敬作为开始。

　　什么是敬呢? 敬就是内心专一，又可以解做聚精会神，这是人生命自觉的一种表现，它是在内心专一聚精会神之中展现出一种自我内聚精神的力量、内在节制的力量。这是一个人向内探索所展现出来的一种慎重、一种恭敬、一种沉稳、一种平静。

　　通常人如同动物一样，所有的注意力，所谓聪明都是向外的，因为我们看清楚外在一切，才能够争取生存的保障。但是敬是人开始向内看，向自我关注的表现，进而就能聚精会神，内心专一起来，这样人的精神就不会散漫，人也不会只停留在外在的一些表象、现象上。由此观看，由此慎重，由此专一，就产生了所谓智慧之见，所谓"大智慧"。修己以敬，就是以专一的内心来修养自己，使自己聚精会神，让内心归于静、定而没有杂念，让自己的心思、意念清明。

修己以敬的第二个层次，"以"字作"而"字解，修己以敬就是修己而敬，这个"而"就是"乃"，是"以至于"的意思。修己而敬，就是修己而到达"敬"的地步。换言之，就是修养自己，使自己能敬；或者说修养自己，让自己做到敬的表现。所以这个敬更强调慎重、恭敬。也就是说修养自己，使自己能够自我掌握，掌握自身的精神，掌握自身的认知，让自己慎重而恭敬。

"曰'如斯而已乎?'"这个曰，是子路听了孔子的话而回应。"如斯而已乎?""如斯"就是"如此"，"而已乎"就是"就这样吗?"这个"而"是"就"，"已"是停止的"止"，引申就是这样，"乎"疑问词，等于今天的"吗"。就这样吗? 代表子路觉得这个说法太简单了，我们用现在的话说"这样就够了吗?"

"修己以安人。"这是孔子再回答。以安人的"以"可作"而"字讲。"安人"是什么? 是使人安乐，使人觉得和谐相安，也就是说与人相安，就是能与人和谐相处。"修己以安人"就是以敬修养自己，使自己能敬，如此能够与人相安，和谐相处，使人安乐。

不过这个"人"字也请特别注意，古人说这个"人"字不是指一般人类，而是特指政府中的工作同仁。也就是政府中的同僚们。当一个领导能够与工作的同仁或者同僚们和谐相处，才能够领导大家把事情做好。

"如斯而已乎?"子路听了孔子这样的回答，还是忍不住问："这样就够了吗?"

于是孔子就说:"修己以安百姓,尧舜其犹病诸。""以安百姓"简单地说,就是使百姓生活安乐。"修己以安百姓",详细的就是以敬修养自己,并因此能与工作的百官同僚和谐相处,共同有效地完成工作,然后使百姓获得安乐。不过到这里孔子又加上一句:"尧舜其犹病诸。"

尧、舜是上古传说中古代的圣人,也是古代的圣王,是孔子最推崇的圣人、圣王。他们在传说中最为人所熟知的就是禅让政治,孔子认为这才是人类文明的开始。为什么?因为人已经可以超脱出生物性的生存竞争,人可以不再用争夺的方式去取得政权、治理天下。是以禅让是人生命自觉的强烈表征。孔子因而推崇尧舜及禅让。

在这里孔子强调的是要使全体人民在生活上获得安乐。"尧舜其犹病诸",这个"其"是指"他们",就是指尧和舜。"犹"就是"仍、还"。"病"就是苦其不足,这"苦"就是烦恼,"其"是自己,"不足"指力量不够,"诸"是"之于"的合音,作疑问词"乎"字解。这句话也就是说,对于能使全体人民达到安乐这件事、这个理想,尧舜觉得自己的力量还不够而烦恼。

换句话说,在治理天下,要使天下百姓全都安乐、平安这件事上,即使是像尧舜这样的圣人、圣君,都还认为自己的力量有所不足呢!在政治上,要想求得老百姓全体的平安、安乐,这可是巨大的工程啊!这可得全力以赴啊!

这是孔子提醒子路,成为一个好的领导者,怎么能够不全力以赴?全力以赴唯有从"修己以敬"开始。当己心没有达到那份敬意,如何安人呢?如何安事呢?不能安人,不能安事,又如何安百姓?

安百姓，使百姓生活安乐，是一个巨大的生命工程，圣人如尧舜都认为自己力量还有所不足，因此而烦恼。这生命工程的完成是一个好的领导者全力以赴工作的成果。能全力以赴去做，并能不计成败而为，这份精神只有在"修己以敬"的修养中完成。

《卫灵公篇第十五》15.7

子曰："可与言而不与之言，失人；不可与言而与之言，失言。知者不失人，亦不失言。"

　　"可与言而不与之言，失人"的"可与言"是"可以与之言"的省写，就是可以和他说话，"之"是指他，可以和他说话的那个人。"言"，简单地说，是谈话，不过如果更深入地讲，指的是谈含有分量、内涵的话。这样的人可以与之言，可以和他谈。"而不与之言"，"而"是竟然，出乎意料。"不"，指没有。"与之言"，和他谈话。"失人"，"失"是错过，"失人"是错过了值得能交谈的人、能深谈的人。这里头有更深一层的含义，请大家玩味。

　　"不可与言而与之言，失言。""不可"是不可以、不值得。"与言"，和他说话。"而与之言"，竟然和他说了话，跟他谈了话，这是"失言"。这个"失"还是指错失，引申作浪费讲。"失言"就是浪费了言语，就言语而言成了一种浪费，成了一种不必要的耗费。

　　"知者不失人，亦不失言。""知"要念智。"知者"指的是有智慧的人。"不失人"，就是不错失了人，不错失值得讲深层道理的人；甚至说，不错失了人才。"亦不失言。""亦"就是也。也不会错失、耗费了言语。

　　这句话译为，孔子说："可以和他谈话却不和他谈话，这是错失了能交谈的人；不可以和他谈话却和他谈了话，这是对言语的一种浪费。一个真正有智慧的人，既不会错失了可以谈话的对象，也不会对言语做无谓的浪费。"

在《论语》中《季氏篇》第十三章，孔子说："不学诗，无以言。"言在当时有特定的含义，指国际间外交所用的言语。当时社会上，凡是一个有生命自觉的君子都非常重视言语，因为那是一个智者的表现。孔子所教的科目里，言语就是一个重要的科目。

春秋、战国时代，君子贵言，认为言才能够展现什么是道。那个时代的人们说"言贵道重"，否则道就随着轻薄的言语而变得轻薄了。同时，君子也贵识人，看重对人的正确认识，也就是有能力认识人。不识人，必会失言，犹如失言就会失人。换句话说，能识人，能不失言，才能是一个君子。这是君子在生命自觉中重要的一种能力的展现。君子是生命的高度自觉者，能如此不失人、不失言，就能成为一个有智慧的人，是以孔子说"知者不失人，亦不失言"。

《卫灵公篇第十五》15.22

子曰："君子不以言举人，不以人废言。"

"君子不以言举人"，"君子"，这里指的是在上位者，也就是治国执政者。"以"是因。"不以"就是不因为。"言"在这里指说话，或者会说好听的话，很会说话，能言善道者。"举"是提拔、举荐，就是提拔人、举荐人。君子，一个在上位者，不因为一个人说话说得好就举拔他。"不以人废言"的"人"指的是行为欠缺者。"不以人废言"，不因为一个人的行为有欠缺，就完全否定他说的话。

这句话是指孔子说，在上位的人不要因为一个人话说得好就提拔他，也不要因为一个人在行为上有欠缺就否定他说的每一句话。

这是孔子提醒在上位者一定要保持理性，维持客观，不因一时的现象做主观上好恶的评断，这样才能成为一个有智慧的上位者。因为我们喜欢听别人说好话，所以我们有的时候会因为别人某些行为上的不足，我们就全面否定他，包括他的言语、意见。孔子以此提醒每一个人随时保持冷静、理性和客观，而这也就是一种生命的自觉了。

《卫灵公篇第十五》15.23

子贡问曰："有一言而可以终身行之者乎？"子曰：
"其'恕'乎！己所不欲，勿施于人。"

    子贡向孔子问道："有一言而可以终身行之者乎？""有"就是指有没有。"一言"指一句话，古人一字也可以称为一言，"一言"就是一句话，或者一个字。"而"是转语词。"可以"就是能够。"终身"，俗话说的一辈子。"行"是实践，是奉行。"之"就是它，指那个字，那句话。"者"就是"的"。"乎"就是"吗"。有一句话能够让人一辈子都去实践奉行的吗？

    第二句。孔子听了子贡的问话，就回答说："其'恕'乎！""其"是应该，也可以引申作大概、大约。"其'恕'乎！"这应该是恕了吧！"恕"，推己及人。什么是推己及人？就是根据自我的了解、自我的认识，而后真正确定：这是我，我会这样；而我是一个人，大家也都是人，以我自己对自己的了解推想，其他的人大概也都会有同样的情形吧？

    "己所不欲，勿施于人"，孔子用这句话来解释这个"恕"，也就是推己及人到什么程度呢？到"己所不欲，勿施于人"。"己所不欲"，直接解释是自己所不喜欢的、不要的。"勿施于人"，"勿"就是不要，"施"就是加。就不要加给别人，加到别人身上去。我想，一般的了解以这个为基础：自己所不喜欢的、不愿意要的，我们就不要加到别人的身上去。

不过，"己所不欲，勿施于人"还有更深一层的意思。重要在"己所不欲"的"不欲"这两个字。这两个字我们刚才说，就普通一点来讲，一般的注解就是不愿意要的，不喜欢的。"己所不欲"，自己不喜欢，不愿意要的，等等。不要加在别人身上，不要推给别人。只是如此解说，就人的常情常理来说，自己不喜欢的，自己不愿意要的，别人不一定不喜欢或者讨厌，说不定别人还是蛮喜欢的。因此这种解说就不周全了。

所以"己所不欲，勿施于人"，孔子不只以这句话来说明恕道，甚至也以这句话来说明仁道。孔子曾经说"仁者，爱人"，那么如何爱呢？如何是爱人呢？孔子就以"己所不欲，勿施于人"来作说明。可见得这一句话有深意，这个深意关键就在"不欲"这一个词。

一般说"不欲"，就是前面所说的不要，不喜欢的，不愿意的。但是如果我们深入古文献，这个"欲"常常与"我"连用，"我欲"或者"我不欲"。孟子说"心之所欲"，又说"可欲之谓善"。"可欲"，可以被我们要到，以营养我们，满足我们基本欲望的，有利于生的，这就是善了。庄子也说"官知止而神欲行"。"官"是指五官。"知"，因五官而来的感觉认知。"止"，停止。"神欲行"，那个完全超乎感官认知的认知展现出来了。由此我们可以知道这个"欲"字不只是指单纯的欲望而言，它有更深一层的意思。它与人的生命，与人所以成人、成己、成我是有关联性的，其关键在于它也是人之所以成人、成己、成我的最大内在力量与因素。没有它，人无法成人、成己、成我。换句话说，这个"欲"是成为一个个体、一个真正自我的基本要素。我们从"欲"的本意而言，"欲"是人的生之动能。生物以至于人，没有"欲"就没有了生之动能。因此"欲"也就成为人能生的动能，以至于我之为我的最基本的动能。

这世界上没有相同的个体，不只是因为形体上、身体上的差别，还在于每一个人来自构成他自身的基本之个性，也就是打从他内在最深沉的那个生命发展的动能及决定因素。这个最基本的动能及决定因素，就是"己所不欲"的"欲"，这"欲"是每一个人形成自己、构成自我个体的底线，是每一个人成为自己的最重要、最基本、最深沉的底线。这底线通常是构成我之所以为我而无法撼动改变的部分；一旦撼动，一旦改变，就不是自己了，就失我了，也就变成另一个人了。

这个底线是天生的，是古人说的天命的部分。《中庸》里讲"天命之谓性，率性之谓道，修道之谓教"，也就是含着这个底线而说的。人在生命的自觉中认识了自己，了解到自己之所以为自己，看到自己那个"不欲"的底线，由此理解，推己及人，也认识到别人也是人，他也必然有他"不欲"的底线，因而"己所不欲，勿施于人"。我看到我的"不欲"，不想被别人干扰，那么我也就不要去干扰别人的"不欲"，打扰别人的"不欲"。所以孔子把"己所不欲，勿施于人"作为"爱人"的起点。

什么是爱？什么是爱人？就是了解自己的"不欲"底线，不去侵犯别人的"不欲"底线。"施"是作"加"字解，引申为侵犯、干扰。"勿施于人"是不干扰，不侵犯，不凌驾、侵犯别人的底线，不强人所难的意思。是以"己所不欲，勿施于人"是说明什么是爱。爱是对人、对所爱者的尊重、体贴、体谅，由此再往下，有沟通，有交流，有互相的搭配、调和，如此到达和谐的状态，才有"仁"的产生。

"仁"字的构形是两个人，是人与人互相搭配、沟通，相互尊重所达成的，这就是爱人、仁道的起点，也就是恕道的最高点了。

古人在注解"己所不欲，勿施于人"的时候，只说自己不要的，就不要推给别人。这是以自己的不愿意、不喜欢为主，不把自己不要的、不喜欢的加到别人身上去，那是对别人的绝对尊重，其重点在自我节制，在律己。所以不必去管别人喜欢不喜欢，只要自己不喜欢，就不推给别人。这样解释有他的道理，但就《论语》"仁"字的本意，从生命自我觉醒为重点来说，"己所不欲，勿施于人"以个体的完全自觉作为前提，在义理上才会周全。

这章的意思就是，子贡请问孔子说："有没有一句话就可以让人一辈子终身奉行实践的？"孔子回答说："应该就是'恕'这个字了吧！"而什么是"恕"？"恕"的关键就在透过生命的自我觉醒，认识到自己所以为自己，有不可动摇的那个基本个性的底线，由此了解到别人也是人，也会有不可动摇的个性的底线，那就不去侵犯干扰到别人个性的底线，尊重别人，这就是"恕"，或者说恕道的真谛。这就是可以终身奉行实践的话了。因为这样才能走上仁道，走向圆满自觉的生命道路。这包含与他人的和谐与圆满。

《卫灵公篇第十五》15.26

子曰："巧言乱德。小不忍，则乱大谋。"

"巧言乱德"这个"巧"就是好的意思。"巧言"就是好言，指讨好别人所讲的好听的话。"乱"是扰乱，是动摇。"德"指德性，指品德，指善行。"巧言乱德"，就是说讨好人的那些花言巧语是会动摇人的德性、人的善行的。

如果我们进一步地说，为什么巧言能乱德？古人说，凡巧言，是用求媚于人的方式说话，让人听了高兴，非实情也。他讲的都不是事实，颠倒是非，使人迷惑而丧失了原本的志向和原本所守的原则。用今天的话讲，凡巧言，一定缺乏主体性，多半不真实，并且他是以迷惑、动摇人原本认识自己的方式、坚持自己的原则为主。

"小不忍，则乱大谋"这"小"指的是日常生活中的一般小事。但是要注意的是，这些小事是可以撩动人情绪，诱惑人做冲动的事，让人情不自禁去做一些冲动的事。"不忍"是不忍耐。"则乱大谋"这个"则"就是"就"，就会。"乱"是扰乱，是动摇，也可以引申作败坏讲。这个"谋"是规划，是计划。"大谋"是就做事讲，是有作为、有事业性、有大计划的大事。

这句话的意思：孔子说，好听、讨好人的花言巧语是会使人迷失而动摇原本坚守的德性与善行，对会引动人情绪使人冲动的日常小事，如不能察觉，没有警惕，是会动摇、败坏原本的大计划和有大作为可能的工作的。

好听赞美自己的语言，会使自己忍不住一时的情绪，在冲动、仓促中做下决定，结果破坏了原本规划的大局，这是人们在日常生活中常有的事，对这些会引动人情绪的小事要能够有所警觉，有所察觉。而这也就是达到自我生命觉醒的一个重要途径。在日常生活中，我们透过生命的自觉，察觉到这些巧言，这些能乱大事的小事，也就是对自身情感、情绪的一种再认知的重要表现。

《卫灵公篇第十五》15.35

子曰："当仁，不让于师。"

"当仁"这个"当"字有两个意思。第一个意思是值，这个"值"作遇到解，也就是正好碰上的意思。"当仁"就是正好碰上了仁道的事。什么是仁道？我们曾经说过，仁道就是自我生命的觉醒，以至于达到了圆满觉醒的这条道路，这种生命的道路。而我们知道，生命自我觉醒，是人自我内在生命意识的开展。人在自我觉醒后，就会自然勇往直前，无需"让于师"了。"不让于师"的"让"是指谦让。"不"就是不需要。"不让于师"就是即使遇到了老师也无需谦让于老师。

孔子提倡教育，推广平民教育，提倡尊师，因为师尊而后道尊，所以学生依礼当谦让于师。不过，唯有在仁道上，在生命自觉的这个路途上，进而要走向生命圆满自觉的这个生命路途上，无需谦让于师。

"当"的第二个意思是作承担讲、担当讲。"仁"作为公义、正义讲，或说是好的事情，有利于仁的事情。"当仁"就是承担起公义，有利于仁的事情，这个时候就勇往直前，无需谦让于师了。

这两种解释都有一个共同的前提，就是尊师。尊师乃以谦让为最基本的礼节，不过，在当仁之时，无需谦让于师。这说明了"当仁"的重要性。只是，"当仁"是指自我内在生命的觉醒，还是遇到正义的事义不容辞地承担起来？这是两个不同指向的作为，一个在内，一个在外。孔子说过"为仁由己，而由人乎哉？"他又说"我欲仁，斯仁至矣"。这都是强调生命的自我觉醒，并且努力地走向圆满的生命觉醒，这一切都是个人内在自我的努力与奋进。由此，"当仁，不让于师"是非常自然的事，因为是自我内在的事。至于遇见公义的事，可不让于师，这虽然强调见义勇为，不过相较于第一个解释来讲，就略显曲折了，所以我个人认为，以第一个解释比较好。

此外，古人又说"师者，众也"，"当仁，不让于师"就是当仁不让于众，也就是于众人所当行之事，自己更是率先而为之，无需有任何的退让。这种说法更是强调要能够见义勇为了。在见义勇为、当仁的事情之前，绝不退让，绝不退缩。这个解释又更曲折了。我们陈述后面两个解释，目的是提供给大家做一个参考。

在解释上，我选择了第一个解释：为仁由己，不需要在外面寻求，那全然是自己的事，生命的自觉重点在于自己心灵的奋进与上升，在这点上，当然不需要在老师的面前退让。

《季氏篇第十六》16.7

孔子曰："君子有三戒：少之时，血气未定，戒之
在色；及其壮也，血气方刚，戒之在斗；及其老也，
血气既衰，戒之在得。"

"孔子曰：'君子有三戒。'"孔子告诉世人，作为君子有三戒。
在这里的"君子"是指有着高度的生命自觉者，也涵盖着对人的尊
称，因为这句话是可以用来对所有人们的提醒，甚至可以说是一种
告诫，而所说的事正好也都是人们会遭遇的。即使是君子，有了生
命的自觉，但是在血气上与一般人也是相同的。

而什么是血气呢？朱熹说"血气，形之所待以生者"，这是说
血和气是人的形体（人的身体）所以能成立、存在，并为行动的凭
借。所以就人共有的血气而言，就算是君子也有三戒。什么是戒？
"戒"可以作警惕，作戒备，作警戒来讲。它有禁止跨越一个正常尺
度的意思，也就是人们用一定的尺度来规范，使人避免过分地做出
不适当的行为。或者说，这是人内心的一种警惕。"君子有三戒"就
是即使有了高度生命的自觉者，就身体的血气上也得有三种生命的
警惕。这是来自血气的变化影响所造成的，因为血气会随着人的年
龄有变化。

孔子说"少之时，血气未定，戒之在色"，"少之时"，是指
青少年的时期。古人的青少年是指十五六岁到二十五岁。"血气未
定"，血气尚未有宁定、成熟的时候。这用今天的心理学的观念来

讲，这段时期仍属于青少年的青春的狂飙时期，身体、心理，包括内分泌都在快速地运转，身体的各方面也都在快速地成长，一切都不宁定，生命的活动都在不确定的状态里，所谓躁动之期，身心都在像蹦蹦跳跳的躁动状态。真的是所谓身、心都还没有稳定与成熟。传统中国说，这就是血气未宁定之时。这时候最当警惕的是在色。色指的是美色，或者说女色。青少年时期血气未定，当警惕的是美色、女色的诱惑，也就是要青少年在自己还未定性的时候，不要贪恋美色，要避免沉迷在美色之中。因为这种贪恋、沉迷会强烈地扰乱人的心志。

"及其壮也，血气方刚，戒之在斗"，"及其壮也"的这个"及"字是到了的意思；"其"是那个，指称词；"壮"是壮年，也就是一般所谓中年的时候，二十五岁以后一直到五十岁，或说五十五岁吧。"血气方刚"的这个"方"是正当，正在；"刚"是旺盛，刚强。"血气方刚"，也就是血气正是刚强、旺盛的时候。什么是"斗"？"斗"就是争强好胜，争强斗胜。"血气方刚"指的是身体的状态，争强好胜指的是心理的动向。当壮年身体血气完全趋于成熟，血气旺盛、刚强，这个时候的心理容易争强好胜，所以在这个时候当要警惕的是自己争强好胜的心志，因为这容易使人走向失败。

"及其老也，血气既衰，戒之在得"，"及其老也"的"及"还是到了，"其"还是那个，"老"就是衰老。到了衰老的时候，这个"老"指老年，也就是五十五岁以后。那个老年的时期，身体以至于血气都已经开始衰退。"既衰"的"既"就是已经。"衰"就是衰退。"血气既衰"，就是血气已经开始衰退。在这个时候，所戒是在得。什么是"得"？"得"是贪求、贪得，是指对事物的贪求、贪得，包括对财物、对名誉、对地位、对权力的贪求。而老人的贪求、贪得，是因为生命力、生命之能量开始下降，生存的能力开始不足，引起老人心理的恐慌，以至于忍不住想抓住什么，来保障自己的生存。如同一个溺水者，他在溺水的时候，会忍不住去抓流过他身边的任何东西，以求生存自救的可能。老年人的血气已衰，所当警惕的就是情不自禁地去贪求、去抓取，以保障自己的生存。

这君子三戒，凡言血气，都是指人的身体而说的，由人的身体血气的变化会带动出人心理的变化。这就是孟子所说的"气动志"，这个气指的就是血气，包含人的身体，这是指人生命的能动性。孔子的这三戒，乃如《孟子》所说的要"以志帅气""志，气之帅也"。这个"志"是人的心志，人的精神。要用人的心志、人的精神来带领人的生命动能，来影响人的身体，来影响人的血气，也就是用人的心志和精神来带领、引动人的血气和身体，然后使生命始终停留在一个正常而和谐的状态。

当人在年少时，血气还没有宁定，透过生命的自觉，警惕避免陷入美色的诱惑，迷乱了自己的心志。到了壮年成熟的时候，血气正是旺盛、刚强，生命力非常的强旺，人在这样强大的血气冲撞下，心志自然会走向好斗，争强、争胜，以求展现自己生命的力量，以确定自己的存在。这同样也就是要透过生命自觉来警惕自己，不要陷入这样的血气的引动中，所谓盲目的生存意志的冲动，不要让这样的盲目的心志驱迫我们，让我们本能地做出一些好斗好争的事；而是透过自觉，让我们在自觉的精神力量中，将这强大的生命力引入更适当的自我的生命发展里。到了老年，血气、身体开始衰退，生命力也随着血气和身体的衰退而减弱，这时候，透过生命的自觉、自我的认识，警惕自己，不因为血气、身体的衰老，生命力的减弱而走向恐惧，情不自禁地贪得无厌。

在人生命的过程里，人的心志常是能够平衡来自生物本能的驱迫的。血气及人的物质性身体，也确会影响带动人的心理，以至于影响了人的精神、心志的发展，特别是在感情上。反过来，人只要有了生命的自觉，就能透过自我意识开展更高的心智和心志，然后带动、影响、平衡人生理的变化——身体的不平衡，心理的不平衡，情感的不平衡。如同年轻时在自我的觉醒下不使自己陷溺在情色的眷恋中；在中年的时候同样在自我的觉醒下，不受血气方刚的驱迫而去争勇好斗；老年血气、身体衰败，不会因之而有了死亡的恐惧，以至于控制不住，贪得无厌。人能够完成生命中这三阶段的警惕，人生就会自然地走向较为完善的境界，而这也就是传统中国所说的修行重在修心，孔子的三戒讲的就是修心的功夫。

《阳货篇第十七》17.3

子曰："唯上知与下愚不移。"

　　"唯"是只有。"上知"，古来有几个意思。第一个意思，是汉代的孔安国说"上知不可使为恶，下愚不可使强贤"。也就是最聪明的人你无法使他去做坏事，因为他的那份聪慧，他知道什么是恶，他绝对不会去做；至于下愚，也就是智力不足的人，你也无法勉强使他变成一个贤德的或者说一个聪明的人。这也就是在《汉书·古今人表》里所说的"可与为善，不可与为恶，是谓上智"，你可以让他做好事，无法让他去做坏事，这就是上智；"可与为恶，不可与为善，是谓下愚"，他只能去做恶事、坏事，绝做不出好事，这就是下愚之人。古人评论是从人的品性上说。

　　也有古人根据孔子自己的话解释，孔子说："生而知之者，上也；学而知之者，次也；困而学之，又其次也；困而不学，民斯为下矣。""生而知之者，上也"，天生就什么都知道的，这是第一等人。"学而知之者，次也"，透过学习而有所知道，而发展出智慧，这是次一等人。"困而学之"，至于受困、遇到困难，而后去学习，去全力以赴学习的人，这是第三等人。至于"困而不学"，遇到困难他也不学，这在人而言"斯为下矣"，这就是最下等、最笨的人了。这是用上智说生而知之者，用下愚说困而不学者，这里是从人的学习和觉醒上来说明人的聪明、智慧的高低。孔子说他不是生而知之者，他是学而知之者，这其实是肯定了中间这一段的人。中间这一段的人就是只要肯学、能觉、肯觉，即使因困顿而学，也都是觉醒者，都有无限的可能。

这一章是延续着前一章而来，孔子说"性相近也，习相远也"。孔子认为，只要是人，人之性是相近的，大家类似。至于人与人的差别就在于生活环境的不同。人在不同的生活环境里，为了适应、解决环境中的所有生存的困难，以求达成生活、生命的发展，由此而产生出种种的差异。这就如同世界各地的人们，在基本生命的需要上，都有他的共同性，只是在生活的方式上、文化的发展上有差异，或者有极大的差异。这不是人之性的不同，实际上是后天环境的影响。而人的基本共同性，就是只要是人，除了动物性的本能需要外，人在觉醒上面都是共同具有的。孔子以此勉励人们，从生命觉醒入手，而后透过学习，人的生命一定会开展起来，生存、生活困难也都能得以解决，而走向仁道。除非生而知之者，这种上智者，他们天生就觉醒了，不然就是天生资质非常非常鲁钝的人，他们无法觉知，无法学习，他们欠缺觉醒的能力，而中智者、学而知之者、困而学之者，都会因为觉醒、学习而使生命有所改变。

《子张篇第十九》19.21

子贡曰:"君子之过也,如日月之食焉。过也,人
皆见之;更也,人皆仰之。"

"子贡曰:'君子之过也,如日月之食焉。'""君子之过"这个
"君子"指的是自我生命觉醒后,并在生命自觉的实践中逐渐进入
德高望重的这个位置的人。这位置也就是《论语·学而篇》的第一
章第二句所说的,到了这个时候"有朋自远方来"了,大家都因你
而来到,"不亦乐乎",希望能亲近,能学习。我们甚至也可以借用
《论语》中所说的"君子之德,风。小人之德,草。草上之风,必
偃"。君子之德如同风一样,小人的表现就是地上的草,当风从草
上吹过,草一定都会随风俯仰弯曲,以此来说明君子他成为生命的
典范,引起人们尊崇的状态,这也就是一个成德者的状态。当人成
德,成为君子,也就成为人们学习、尊崇的典范。同时,君子的心
胸必然坦荡荡,即使有过,在事情上冲过了头,他也不会文过,也
就是不掩藏他的过错,不掩饰他的过错。

诚如《论语·述而篇》,孔子到陈国去拜访当时陈国的司寇大
臣,而司寇大臣向孔子询问鲁昭公"知礼乎",孔子因为是问到了
自己国家的领袖,于是回答说他知礼。等到孔子离开,陈国的司寇
大臣就作揖行礼,邀请孔子的学生巫马期走近他,而向他问道:"我
听说作为一个君子人,是不会偏私、袒护人的错误的。鲁国的国君
鲁昭公明明违背了周礼,娶了同姓吴国之女为妻子,这是大家都知

道的事，而大家也都叫这个同姓的吴国之女为吴孟子。如果这样，鲁君算是知礼的话，那谁不知礼啊？"巫马期把这话转告给孔子，孔子听了就说："我很幸运啊，我只要一有错误，人们就会知道，而来指正我。"

《左传》："人非圣贤，孰能无过"，"过则勿惮改"，只要知道有过，不怕改，不怕面对就很不错了。这是说，做人难免会冲过头、做错事，即使是生命自觉的君子，也还是会冲过头、做错事的；重要的是，有过不怕面对，不怕改过，只要有过能改过，仍不失为一个生命自觉的君子。

进而子贡说："君子之过也，如日月之食焉。""日月之食"就是日蚀、月蚀。"过也，人皆见之"，君子一旦有过错，就会如同天上的日蚀、月蚀一般，大家都见得到。"更也，人皆仰之"，"更"就是更改、改过；"仰"是仰望；"之"指的是君子。君子改过的时候，每个人也都仰望着他，如同人们抬头看到日月恢复了光明。

这是说，人们仰望着君子，并且欢喜他的改过，因为这对人而言是一种期盼，期盼君子能改过。而当君子能改过，这对一般人来讲，是对他们生命最重要的鼓励。

所以子贡讲，一个因生命自觉而成为人们生命中的典范的君子人，一旦有过错，就如同天上的日蚀、月蚀一样，大家都看得见，如同日蚀、月蚀，君子的行为呈现了亏损。可是君子一旦改过，如日蚀、月蚀的恢复，人们还是欢欢喜喜地尊崇他、仰望他，赞赏他的勇气、他的知错能改。

子贡这话，也说出了一般人虽然还没有到达生命自觉的这个阶段，但他们对生命的自觉而走向生命圆满的这个期待，仍是充满着极大的希望。

下篇　好老师在成长

爱岗敬业尽责

教育强国，你我同行

以灼灼年华，续写红色青春

你的年轮里，留下我奋斗过的痕迹

老师们，让我们做追赶太阳的人

做幸福的二一九人

亲爱的年轻同事们，我们说说心里话

亲爱的同事，请原谅我评课时犀利的言辞

我的师父，我一生的榜样

写给自己：爱不仅仅是一个响亮的口号

教育强国，你我同行

（张亚辉老师，北京市房山区首都师范大学附属房山小学）

亲爱的自己：

你好！人常说"当局者迷，旁观者清"，其实没有比自己更了解自己的人啦！这封信既可以称为写给自己的家书，也可以作为一名党员教师的自白。

今年是建党百年，是党之生日，民之盛典。为了以此为契机，让更多教师和学生了解中国共产党的初心使命，传承百年奋斗精神，作为一所小学的书记、校长，你带领校党支部开展了"青年教师思政云课堂""少先队思政云课堂"等系列活动。在中国共产党伟大精神的感召中，孩子们一次次被震撼。从四月份体育文化节上"班班唱响红色歌曲"，到"行走的中国精神"主题展示会上，孩子们自发唱响《没有共产党就没有新中国》，再到全校师生集中观看建党百年现场直播时，孩子们一次次发出情深所致的掌声。此刻，作为书记、校长的你，一定由衷感受到了幸福，为百年党史在孩子们心中无声地浸润而感到幸福，为孩子们内心升腾起那份对党的热爱而感到幸福，为孩子们对中国精神的理解更加深刻而感到幸福……知党史、感党恩、听党话、跟党走，这不正是从小在孩子们心底种下了中国心的种子吗？坚持为党育人、为国育才，既是教师的责任与担当，又是为师的价值与荣耀。此刻，站在第二个百年奋斗目标的交汇处，身为一名党员教师的你更加感受到无上光荣与使命在肩。

作为有着23年教师履历及6年书记、校长经历的你，不禁在心中一遍又一遍地问自己："作为教师，我可以给孩子们什么？还可以给孩子们什么？""作为书记、校长，自己眼中好的教育的标准究竟是什么？"思索的同时，思绪仿佛穿越了时间隧道，回到了1998年的8月。

那时初入职场的你，是一名誓将全部心血奉献给三尺讲台的有志青年。最初，一方讲台、一面黑板、几支粉笔几乎成为你每天工作的全部。一天下班时，你无意间瞥见校门口橱窗里的一句话"全面发展，学有特长"。原来，教给孩子们知识只是教师工作的一部分，让孩子们全面发展，还要学有所长，才是你应该努力的方向。再后来，丰富的班级活动、精心设计的主题班会、操场上的师生游戏、推心置腹的聊天渐渐充盈了你的工作。从站在讲台上俯瞰学生，到走进孩子中间，直至走到孩子心中……你逐渐理解了做一名好老师的真谛。

16年前开始做副校长时，有这样一段话让你深深思索："人类需要道德是为了让生活更美好，而不是增加不必要的限制和约束。归根到底，道德教育是通过培养人幸福生活的能力促进人的健康发展。"原来，好的教育最大的意义在于能够帮助人拥有幸福生活的能力。

6年前做了现在这所学校的书记、校长。这是一所蕴藏无限资源的学校，一方面学校一直是北京市科技教育示范学校，有着重视科技教育的传统；一方面80%的学生来自全国27个不同省市地区的11个民族。学校从历史积淀传承出发研发系列科技校本课程、由生源特点生成《家乡上镜》校本课程。这两门特色课程既是国家课程的有益拓展与补充，又为学校学生的成长提供了丰厚的营养。今日，附小孩子们的眼睛越来越明亮、举止谈吐越来越自信、谈论起家乡和祖国充满自豪与憧憬……创新精神与家国情怀正在成为越来越多附小学子的特质。记得，当年你在学习《国家中长期教育改革和发展规划纲要（2010—2020年）》后，写下笔记，最后结尾时，你说："当学校管理者与教师真正做到为每个孩子寻找最适合的教育，那么我们的孩子该有多么幸福。"

时光的指针指向2021年，中共中央国务院印发了《关于进一步减轻义务教育阶段学生作业负担和校外培训负担的意见》。"双减"背景下，孩子们的自由时间更多了，如何为孩子们提供适合的教育，帮助他们实现"请党放心，强国有我"的铿锵誓言，是每一名教育工作者应该深刻思考的课题。值此暑假，是时候静下心来好好思考思考了。因为你们面对的教育对象，就是祖国的未来。

加油吧！教育强国之路，你我同行！

此致

　　握手！

你最亲密的伙伴：自己

2021年7月26日

以灼灼年华，续写红色青春

（庄妃妹老师，广东省广州市南海中学）

亲爱的自己：

时光荏苒，孕育芳华。转眼，你已在教师岗位任职7年。这段时间里，你是否自信地站稳了讲台？是否切实为身边的人做了实事好事？是否真正有所成长？

在通往南中校门的一路，正好坐落着人来人往的西焦公园。和许多南中师生一样，这是你每天的必经之地。这些年，你一路见证着它的蜕变，正如它见证你的成长一样。还记得当初，这里一度遍布杂草、荆棘丛生，它甚至因登革热而被全园封锁消杀灭蚊，那段时间人们不得不改道绕行。然而历经整改之后，它的面貌焕然一新，公园各处配有灭蚊灯，绿化带得到常态化管理，这里成为附近居民茶余饭后的好去处。人们休闲的身影随处可见：跳广场舞，打乒乓球，座谈闲聊。下班后，你会和同事在这里促膝长谈，闲话家常；或者在情绪低落时跑上几圈，借以排解不被理解的郁结；或者独自一人散步，整理一天的工作思绪。

在翠绿掩映中，最引人注目的莫过于青莲广场，"青莲"二字谐音"清廉"，显得格外庄严肃穆。矗立在广场中央及各个角落的一座座英雄塑像，似乎在诉说着中国共产党建党百年的动人故事，也仿佛交织着红色青春的精彩华章。回顾一百年的峥嵘岁月，你不禁心潮起伏、思绪万千。当年红军翻越二万五千里的路途，历练千磨万击还坚劲的长征精神，最终取得胜利；解放军战士跨过冰天雪地，在枪林弹雨中冲锋陷阵，为民族独立和人民解放抛头颅、洒热血；踏着英雄先辈开创的道路，改革先锋们在时代浪潮中敢闯敢试，自我革新，披荆斩棘，引领社会主义现代化建设；当代中国青年，敢为人先，担起建设社会主义现代化强国的国家重任，共筑中华民族伟大复兴的中国梦。我们党一百年来砥砺前行，城市发展日新月异。从小区广场舞的热闹欢乐中，你能够清晰听到人民生活幸福的声音。可以说，我们脚下的这一片锦绣江山，是由一代又一代中国人奋力维护与接力共筑。

无数伟人先驱值得铭记，无数丰功伟绩值得讴歌，这其中不乏顶天立地的青年英雄，他们铁肩担道义，凭信仰铸就中华民族的脊骨，以血汗践行为人民服务的宗旨，用青春书写动人的一代又一代的中国故事。恽代英面对威逼利诱，咬紧牙关，坚贞不屈；董存瑞身处敌军险境，勇敢无畏，舍生取义；黄文秀顶住各方压力，挨家挨户走访，一心一意带领百坭村老百姓脱贫致富；周承钰用科技武装自己，来回奔走于发射塔之间，为祖国国防事业发展保驾护航；青年工匠黄实现坚守普通平凡的维修岗位，在工件试切中精益求精，为中国制造业开发新技能……他们既是勇者，也是千千万万中国青年的楷模，更是良知和道义的化身。新型冠状病毒肺炎袭来，党员队伍中的80后、90后，甚至00后毅然挺身而出，自觉扛起抗疫大旗，誓与祖国人民一起打赢这场疫情防控阻击战。与党员前辈们一样，他们从未叫苦叫累。他们愿意竭尽所能，奉献力量，把自己最美好的青春年华，汇聚成美丽火花。相信你从他们身上，能看到当代中国青年的勇气，也愈加明白自身的责任与担当。

在往后的教书育人道路上，你或许仍会面临种种棘手问题，甚至仍有被误解或受委屈的时候，但是我希望你时刻保持勇敢和自信的姿态。要知道，你所遇到的难题，也曾经是教师前辈们走过的弯路。这些磨炼，都将是铺就你人生道路的宝贵经验。更何况，教书育人中的挑战与困难，与革命先驱们所面临的境遇相比，微不足道。一路探索一路坚持，方有一路收获。"岂然我校继芬芳，菁莪教泽长。文教恢张，我武惟扬。"学高为师，身正为范，希望你坚持以正能量引领你所教的学生，给他们传递更多生活中的阳光。如果可以，也请带上你的学生前来青莲广场，细细聆听中国故事。

但愿三尺讲台上的你，沿着前辈们的脚步，继续全力以赴，将汗水化作细笔，续写红色青春的华章。

庄妃妹

2021 年 8 月 28 日

你的年轮里，留下我奋斗过的痕迹

（周文梅老师，山东省烟台市第九中学）

烟台九中：

思来想去，这封家书还是要写给你——烟台九中，我已经在这儿度过了19个春秋的学校——我的另一个家。近几年经常会思考我的人生与你的关系，利用这次写家书的机会，也想好好梳理一下过往的岁月。

1994年，我奔着到高校当老师的梦想来到烟台，结果却没能如愿以偿，而是仓促间成了一名初中教师，投进了你的怀抱。不可否认，当时的心理落差是非常大的，从繁华的省会城市到这个被称作小渔村的小城，从恢宏大气的大学校园来到老气陈旧的小学校，身边的人从学术斐然的大学教授和意气风发的同学变成很多低学历甚至没有学历的同事，心高气傲的我还是有些不甘。但这种失落很快被这座城市和老教师们身上展现出来的朴实、热情所消融，老教师们严谨的工作态度感染着我，而我自己也迅速投入到新的人生角色中。

24岁至34岁，人生最美好的年华，你见证了我的付出与努力，也见证了我的成长与进步，我用十年时间实现了从教师到副校长的跨越。2007年，当一纸调令突然摆在面前时，我才知道离开你有多难。离开后整整一年多，我没有勇气再踏进校园。后来，因为担任区优质课评委需要回来听课，硬着头皮又踏进了熟悉的大门，从进办公楼的那一刻起，泪水就模糊了我的视线，进到办公室，已经哽咽到无法与同事打招呼，即使在听课时，也一直在偷偷抹眼泪。是啊！过去也曾希望换一个学校发展，但离开后才发现，你的一草一木，甚至每一个角落，都在我生命里打上了深深的烙印。九中这片教育的土壤滋养了我、培育了我，我也把生命中最好的时光刻印在了九中。

或许真的是与你的缘分未尽，2014年，我竟然又被组织安排重新回来担任校长，又有机会为你的发展尽我的微薄之力，我倍感珍惜。五年多来，学校工作取得了很多骄人的成绩，老师们都像爱自己的家一样热爱着你，大家因为在这里工作、学习而感到幸福。在这美丽的校园里，我们实践着真正着眼于学生的全面发展、真正为学生的成长着想、对学生高度负责的教育。

现在我已经工作25年了，职业生涯已看得见尽头，与你相伴的日子也越来越少。每一次的换届调整，我都会问自己，我还想离开你吗？每一次都很矛盾，想离开又怕离开的那种纠结是很难言说的，等到结果出来后，我一下子解脱了、释然了，我明白，我与你的缘分依然未尽。

有时候我会问自己：一辈子，几乎就在一个学校里度过，甘心吗？单调吗？我与学生一起种下的爬墙虎在回答我，校园里一株株粗大高耸的树木在回答我，一条条印刻着我每日足迹的小路在回答我，学生可爱的面庞在回答我，老师们温暖的微笑在回答我，那些一辈子扎根在偏远山区的同行们也在回答我。

所有这些，都让我知道，在与你相守的日子里，我是多么的幸福！

终有一天，我将不能再与你朝夕相处，不能够再天天在校园漫步，但你的烙印已深入骨髓，与你的感情更是深嵌心脾，有一片云彩会被我永远带走，那就是对你永远的惦念。

深深地爱着你的一个家庭成员

2019 年 9 月 9 日

老师们，让我们做追赶太阳的人

（马文科老师，宁夏回族自治区银川市第六中学）

亲爱的老师们：

有人说，教师是太阳底下最光辉的职业；我说，教师其实就是那追赶太阳的人。每当我读到神话故事《夸父逐日》时，就不由地想到了我们的教师；每当我看到我们的教师赶在太阳升起之前就走向学校，夜深了还在孜孜不倦地工作时，就想到了那追赶太阳的夸父。

夸父认定了太阳的尽头有一片生命的绿洲，有一方神奇的净土，有一个美好的家园。所以，他每天与太阳竞走。

教师，也是因为认定了孩子的心灵是一片纯净的蓝天，教育的事业是一方神奇的沃土，莘莘学子是可以用双手托起的太阳，人类的文化是需要代代相传的不熄圣火，所以，不辞辛劳地传道、授业、解惑。

我的一位小学老师去世了。他生前默默无闻，去世时也没有留下一句话，只有眼前的一幕幕在默默地诉说着一切。他给学生用塑料薄膜钉的窗户，在门缝和墙缝糊上的报纸；他怕学生受冻，把分给自己的那部分煤炭抬到了教室里，把自己的办公桌也搬到了教室里，与学生一同取暖，一同学习和工作。看到这一切，我们都止不住热泪滚滚。老师无言地走了，却给我们这些正在做老师的学生昭示了一个做老师的真谛——那就是不论多么清贫，师爱是永远不能丢的。

师者的仁爱之心是朴素与平凡的，师者的仁爱之心又是伟大与非凡的。有一位年轻的女教师，从教不久，就用自己微薄的收入捐助失学儿童，即便在家庭连续遭遇巨大灾难，自己遭遇严重车祸的情况下，都没有放弃对三个失学儿童的捐助，从小学到中学，从中学到大学，历尽了千辛万苦仍无怨无悔。陶行知先生说："捧着一颗心来，不带半根草去。"这就是人民教师的真实写照。

在夜深人静的时候，当你为今天的一个小小的课堂失误而懊悔时，当你为上好明天的一课堂而苦思冥想时，当你为班上那几个贪玩的孩子取得了巨大进步而兴奋不已时，陪伴你的不仅仅是天上的孤月，理解你的也不仅仅是夜幕中闪烁的星星。虽然教书育人的事业任重而道远，教师的生活平凡而艰辛，但是既然我们选择了教育，就应该风雨兼程、无怨无悔。

老师们，让我们做追赶太阳的人！

马文科

2018 年 8 月 20 日

做幸福的二一九人

（李宁老师，辽宁省鞍山市二一九小学）

亲爱的老师们：

晚上好！

今天是我们学校老师在假期里开展的"重温《学记》，明教育之道"居家学习行动的第十二天，按照计划我们已经完成了一半的学习任务。"读原典，看视频，写反思，重感悟。"这样的学习方式源于北师大《论语》百日线上学习。完成了今天的每日线上点评，已是夜深人静，继续品读着各组推荐上来的优秀作业，又生出几多感慨，便提笔和大家聊聊心里话。

亲爱的老师们，每晚读着你们用心、用情写下的分享，我的内心充满了喜悦、感动和力量，有你们的信任、陪伴，我前行无畏。

曹老师在她的作业中这样写道："黄金的时期应该做黄金的事情。我们学校坚持四年的教师学生诵读经典就是一件黄金的事。刚起步的时候，我们还常常抱怨，讨价还价，现在想来还有些脸红呢，非常感谢校长能够带领我们坚持下来。"

可不是吗，曹老师，我清楚地记得，那时你曾对我说，这些经典连老师读起来都有些困难，怎么带着学生们读呢？正是你的抱怨点醒了我，于是我们在教师中开展了"晨读经典　提升校园正气"活动。每天早上，班主任老师和学生一起读经典，科任老师以组为单位读《大学》和《论语》，琅琅的读书声成了二一九校园里最动听的声音。

从那时起，我们每位校领导都要选一个重点指导对象。我选了当时刚走上班主任工作岗位的海燕老师，走进班级和她一起指导孩子晨读。我和孩子们约定，诵读的时候，要做到身正、椅正、书正、心正。诵读后，孩子们身子直了，眼睛亮了，精气神不一样了！海燕老师，还记得吗，过了不到一个月的时间，一到三年级的班主任和任课教师观摩了你们班的晨读，大家惊奇地发现，你班里那个上课根本坐不住的小男孩，在晨读的20分钟里竟然可以做到一点都不溜号！从此，全校掀起了读经典的热潮，没有了犹豫，没有了抱怨，大家纷纷交流心得，互相启发。亲爱的老师们，你们知道吗，你们努力的样子最美！经我们共同努力，每天早晨20分钟的经典诵读，课间操的千人齐诵，成为校园一景；每学期的校园经典诵读考级成为学生们的期盼。我们在学生的心里种下经典的种子，让经典陪伴孩子一生，希望他们以后不管走到哪里，都是一个顶天立地的中国人。

去年寒假，园林小学整体并入我们学校，从园林来到我们学校的孙老师在她的分享中写道："去年的今天我们参加了别样的教师开学礼，接过校长送上的沉甸甸的石榴，捧在手中，心里踏实了，有种被拥抱的温暖；做二一九的老师和学生都是幸福的。"知道吗孙老师，读了你的这句话我的眼睛湿润了。你提到的石榴，寓意我们像石榴籽一样团结一心，去创造更美好的明天。我知道，你们会比二一九的老师们更辛苦，要承受更多。我原以为，你们真正融入二一九可能需要相当长的一段时间，没想到老师们的各项工作毫不逊色，还有好多可圈可点之处呢！老师们，我为你们点赞！更替这些孩子和他们的家长们向你们表示感谢！

亲爱的老师们，今朝我们一起读《学记》，用笔记下感悟，每读大家的分享，看到那一段段真诚的学习感悟，一行行教学心得，一个个发生在你们身上的真实感人的案例，就如同在和大家亲切地交谈，平时没有机会诉说的，或者面对面难以表达的，都可以通过这种方式来沟通和交流，享受立德树人的乐趣，感受做教师的幸福。我相信，二十四天的学习结束之后，我们的心会贴得更近！

祝老师们晚安！

李宁

2020 年 2 月 24 日

亲爱的年轻同事们，我们说说心里话

（张秀凤老师，山东省烟台市经济技术开发区第四初级中学）

亲爱的年轻人：

你们好！

你们于我是特殊的存在，代表着一种美好和希望，今天，我借这一封家书，把我一直想说的心里话写与你们吧。

四年前的初相遇，至今历历在目。8月30日，我到新单位报到，走进咱们办公室，邹主任带领着你们欢迎我。哦，9个刚毕业来任职的年轻人，阵容空前年轻！9双明亮的眼睛齐齐望向我——有的活泼，有的文静，有的大方，有的羞涩——但无一例外明亮如星辰，传达着真诚与热情。慢热如我，顷刻间就融入了这个新家。

转眼间，我们已朝夕相处四年。你们知道吗，四年来，我从你们那里得到了多少欢喜！欢喜于你们在专业岗位上的飞速成长，欢喜于你们虽有烦恼仍初心不改的斗志，也欢喜于你们忽而叫我阿姨忽而又叫我姐姐的亲昵，欢喜于你们遇事就找我商量的信任，欢喜于你们一个接一个步入婚姻殿堂的美好。

因为朝夕相处，我也感受到了你们的烦恼与迷茫。那天，迷茫的你问我："为什么您教了这么多年却没有职业倦怠？我简直受够了！"那天，愤怒的你问我："为什么您对学生那么有耐心，我简直要崩溃了！"那天，听说一直很努力的你陷入了负面情绪难以释怀，后来楼梯口遇上你，你说："每次看到您，我就觉得又有了坚持下去的力量。"你的话，令我既惊讶又心疼，你是我认为的年轻人中最坚强的一个，竟也有如此的成长之痛。

亲爱的年轻人，因为"路过你的路，苦过你的苦"，所以我好想尽我绵薄之力，用我的一些经历和感悟，帮助你们在工作中找到幸福感。

回想我自己在参加工作的第一天便收到了一句殷切的叮嘱，此后无论何时想起，都会瞬间浸润心田。

那天，走在上班的路上，心中萌动着期待，也隐藏着忐忑。快到校门口时，电话响起，是我高中班主任孙峰老师的声音："秀凤，今天是你工作的第一天，做老师是你的理想，我相信你一定会努力工作，我只嘱咐你一句话，对待学生，你一定要有耐心，不要急。你一定会成为一名好老师的！"

恩师朴素的叮嘱，对于初为人师、青涩懵懂的我来说，如醍醐灌顶一般。彼时心情，山般庄重，水般澄澈。从此，我记住了"耐心"二字。因为耐心，我很快赢得了学生和老师们的认可，很快在工作中脱颖而出。

但是，年轻时的我，并没有一直保有耐心，在工作最繁重的一段时间里，经常处于"急躁—反省—后悔—忍耐"的周而复始的状态中，经常迁怒于最亲近的家人、学生。这样的后果是害人害己的：学生和家人说我"一会儿是天使，一会儿是魔鬼"；我自己也因为压力大而肝气郁结，一度因为各种毛病反复跑医院。

我想说，你们所看到的我今天的强大耐心，也是经受了成长的阵痛淬炼而成的。

所以，如果问我教育者幸福的要诀，那必然是保有耐心了。有了耐心，才会在学生不断出现问题时冷静对待、理智解决；有了耐心，才会在备课、上课时充分挖掘、尊重学情；有了耐心，才会在无数个白昼的忙碌之后还能继续无数个黑夜的静思；有了耐心，才能抵住世俗的干扰，在宁静中坚守初心；也因为有了耐心，才能在面对各种压力时有强大的内心让自己坦然面对。

可是，这是多么痛的领悟！爱你们的我，其实不想让你们亲身体验后才明白。

最后，送给你们一句话：耐得千事烦，收得一心清。美好夏日，祝大家幸福！

张秀凤

2019年7月29日

亲爱的同事，请原谅我评课时犀利的言辞

（肖敏老师，四川省泸州市特殊教育学校）

亲爱的同事：

不知道从哪年开始，我在评课时进入了一个误区：略过优点，只谈建议。并美其名曰：关起门来就是一家人，没必要客套。那一次，我是听茉莉老师的课。现在回想起来，那堂课其实很不错。当茉莉用充满希望的眼神忐忑不安地看着我时，我却说："一节课都是是非问和选择问，学生只能回答是不是、好不好、对不对，我很反感这样的提问方式。"茉莉哭了，我却一脸愕然，不知道自己说错了什么。

无独有偶，在给苗苗老师第二次磨课的时候，发现她制作的时钟教具有问题，因为苗苗是与我师徒结对的老师，我的要求也更加严苛。我说："教学先要把教材读透，决不允许出现知识性错误，这会闹笑话的。"苗苗哭了，我很诧异，难道我说的不对吗？

为什么评课时，我总把她们说哭？是现在的年轻人都太脆弱？还是我不该这么严厉？经历过这两次眼泪，我尽量小心翼翼，毕竟，从内心说，我是不愿意伤害她们的。

于是很长一段时间，我都很惶恐，尤其是越深入特教培智的课堂，我就越感慨。一堂课下来，老师们必须使尽浑身解数才能应付。仔细想想，我点评时的有些建议，真是有点儿站着说话不腰疼的意味。

有次听周彬教授谈听课与评课，他说如果你不清楚这堂课之前

发生了什么，这堂课之后将发生什么，说不清楚课堂中发生了什么事情，就不能谈评课。在周彬教授的系列书中，他说，应该发现授课教师的亮点，并根据亮点来提优化建议，帮助他把优势发挥得更明显、风格打造得更突出。但往往我们习惯只从自我的立场和经验出发来提建议，这样的建议不一定符合授课教师的风格和思路，他不一定能驾驭。如果超出了他的能力，反而会带来负面影响。

至此，我才清楚自己以往的错误，并非心直口快，也并非要求严苛，而是缺少一种体恤的胸怀和利他的视角。换言之，是没有足够的欣赏他人、成全他人之心。因此，才会自以为待人以真、评课以诚，却没能真正帮助到别人，而是让她们感到沮丧、失落，甚至怀疑自己"是不是不会上课了？"我总算懂得了茉莉和苗苗的眼泪，并跟她们真心地说一声"对不起"，请原谅我评课时那些犀利却不当的言辞。

是的，研课与评课的目的，是帮助授课教师成为更好的自己，而并非复制别人的思维做他人的影子；是帮助授课教师放大自己的优势，形成自己的风格，而并非用貌似先进的理念和方法来绑架他人。我越来越体会到，要用心看见授课老师的努力，发现他的长处，准确研判他的努力方向，在做好这些功课的基础上，才给予评价和建议。更重要的是，要多倾听他的想法，理解他的困惑，这才能给予对方真正的支持和帮助。

未来，我还会有很多次评课。我希望，通过一次次评课，我能更深地走进年轻同事的心里。

肖敏

2018年8月7日

我的师父，我一生的榜样

（李洪义老师，山东省烟台市福山区第二实验小学）

师父：

多年不见，您还好吗？

又到了《论语》百日线上学习写家书的时间了，写给谁呢？忽然，师父您的形象在我脑海闪现，您凛然正直的品格、渊博扎实的学识、幽默风趣的做事方式都使我受益终生，直至今天回想起来仍心怀感恩。

记得三十多年前，初出茅庐的我带着满身的学生气，进入一所镇办中学教授初三毕业班的数学课。刚开始，由于年纪和学生差不了几岁，加上满腔的工作热情，很快和学生打成了一片，教学成绩非常突出。哪知寒假过后，学校临时调配教师，将我一下子安排到初一教授两个班的数学课，并担任一个班的班主任。当年的学校还处于粗放管理阶段，大部分教师为民办身份，学校整体教学质量非常落后。我所接任的两个班的数学成绩平均分都在三十分以下，学生的纪律涣散，我的心顿时凉了半截。那时的学校还没有新教师的入职培训和老教师的传帮带制度，因为没有经验和科学的教学管理方法，虽然我竭尽全力想扭转局面，但转眼两年过去了，我的工作依然没有较大的起色，我的情绪一度十分低落和苦闷。

记得当年，单身的我在学校住宿，而师父您在学校安家，机缘巧合我们常常晚上下班后聚在一起。当时承担重点毕业班数学教学，并担任学校数学教研大组长的您，在我的眼里是那样的高大神圣。您的面孔上总带着和蔼的笑容，显得格外亲切。当我小心翼翼地提出拜您为师时，您竟然那么爽快地答应下来，我简直惊喜不已。从此，我不再孤单失落，上班时可以时时向师父请教教育教学的各种困惑；下班后陪师父一起回家，聆听您与慈祥的师母饱含人生阅历的开解，为我指点迷津，还可以蹭顿好吃的解解馋，让我这个教师中的掉队者又慢慢回到了队伍中。

拜师一年后，随着我教育教学水平的大幅进步，师父您又做出了一个令我诧异的决定：为了给学校毕业班培养年轻数学教师，也为了尽快磨炼和提升我的教学能力，您毅然推翻学校对毕业班数学任课教师的安排，力推我接任毕业班数学工作。那一刻，我暗暗地下定了决心：一辈子做一名像您这样学识渊博、品格正直的好老师，永远不辜负您对我的栽培之恩。

毕业班的教学工作紧张而忙碌，没想到，师父您又不顾自身教学工作的辛苦劳累，开始有计划地为我进行初中数学教学的系统跟岗培训。从那时我才知道如何系统梳理初中数学各知识点，如何在几何证明题中运用分析法、综合法，如何有效地组织完成初四数学四轮复习教学，您传授我的数学反证归纳法，也帮助我顺利地完成了函授本科论文的撰写。师父，跟着您学习的时间越长，越能感受到您的深厚学养，越让我增加对您的钦佩与尊重！师父，当您把全校数学教研大组长的担子主动交付给我后，我又一次被您高尚的师德震撼了。两年来，您付出了无数心血，毫无保留地、手把手地带我，您把二十几年来自己一手搜集、整理的一大本数学试题集郑重地交到我的手里，并主动辞去教研组长职务，退出初四教学岗位，让我独立肩负起引领全校数学教学的重担，得到真正的磨炼；让我以骨干教师为基础，发展成长到今天。

师父，在信的最后我想告诉您的是，正是因为您的无私奉献，您的弟子带领老师们共同努力，才脱掉了学校数学教学质量落后的帽子，取得了全区中考数学三连冠的辉煌成绩！而在我离开教学岗位前，我也像您一样将又加厚了一倍的试题集，郑重地托付给了下一任数学教研大组长，一个比我更上进、更优秀的数学带头人。您老人家可以放心了！

在此，我真诚祝愿师父您老人家教师节快乐，健康长寿！

李洪义

2019年9月10日

写给自己：爱不仅仅是一个响亮的口号

（鄢秀惠老师，福建省永泰县特殊教育学校）

秀惠：

你好！

按理说今天是个平凡的日子，可对你来说却太不平凡了。此刻，翻出一张已经泛黄但字迹依然很清晰的任命书，你一定思绪万千吧。2009年4月3日，你接过"永泰县特殊教育学校校长"的任命书时，领导对你说，等你把特殊学校办起来就转回普校当校长。于是，你只把它当作一个过渡，没有喜也没有忧，没想到这一等就是十年！

回想当年，我知道你差点儿因为万事开头难而打了退堂鼓。由于特殊教育学校在当地刚刚筹办，很多单位不了解学校情况，甚至持怀疑态度，误认为你要办一所私立学校。你见到办事人员就宣传、解释、沟通。从校园修缮规划，到办齐各种证件，几个月时间把你跑得头昏脑涨，你的累，只有我懂。

当年，学校选址在一所废弃的小学里，当地村民却极力反对，认为会破坏当地的风水，甚至在学校修缮时敲掉路基，不让修缮材料进校。记得有一天，你早晨五点多就去找村支书帮忙沟通，不巧他出去办事了，你只好一个人等着。他家的狗凶狠地对着你，大热天也把你吓出一身冷汗。你和狗对视了整整一个钟头，才把村支书盼来。他被你的执着和真诚感动，在他的帮忙下，修缮工作总算有了着落。

紧接着，招生的难题又摆在你的面前。通过教育网络采取拉网式招生后，报名人数还是很少，你便向县残联、民政局及乡镇政府四处打听。当获悉有一位外婆正为年仅6岁，患有腿部残疾、智力障碍等多重残疾的双胞胎外孙女联系就读学校而四处奔波时，你当即冒着酷暑，专程到这个不幸的家庭了解具体情况……为了保证学校能在当年9月份按时开学，你整个暑期没给自己放过一天假。

　　筹建一所学校很劳累，要想办好、管好学校更辛苦。谈到教育，大家都会想到"爱"这个字。但是面对特教学校的孩子，很多人可能都会问："对那些看一眼都会害怕的孩子，你爱得起来吗?"

　　有爱心的教育才是温暖的教育。对一位特教工作者而言，爱不仅仅是一句响亮的口号，而是融化在生活中的点点滴滴：爱是弯下腰帮孩子系好鞋带、穿好衣服；爱是牢牢记住每个孩子什么东西能吃，什么东西不能吃，有什么特异体质；爱是当他们癫痫发作、口吐白沫时，不大惊小怪、不嫌脏怕累；爱是时时刻刻带着餐巾纸，随时准备擦去孩子唇边的口水……

　　你常常说特殊教育需要特殊的耐心。对于一些脑瘫孩子，把饭送到嘴里要用半年的时间才能教会；对于一个智力有障碍的孩子，教会跳绳你们要花将近一个学期的时间……对学生要耐心教育以外，你们还要与对特教工作不了解的家长耐心地进行沟通。有的家长希望学校能将他们的孩子变成正常人；有的家长认为孩子既然有智力障碍，能养活就行，不必抱有任何希望；而有的家庭经济困难，希望学校能负担起他们的孩子……这些都是作为校长必须面对的。

　　记得有一天，一个脑瘫孩子的家长找到你说："校长，我的孩子周末不用回去了吧?"自从这个家长把孩子送到学校以后，就像甩掉了一个包袱，打电话，不接；孩子病了，不管。从此，每到周末，我时常看见你的身后多了一条小"尾巴"。白天，为学生穿衣服、喂饭、擦鼻涕；夜晚，还要到宿舍查房，担心学生半夜踢被……十年来，你深深地感到：当好一名特教学校的校长，要同时扮演好老师、母亲、保姆、医生等多重角色。

爱就是责任，爱就是奉献！通过《论语》百日线上学习，84天来，你不断获取生命的养分，不断获得新的觉悟。你深知自己做得还很不够，还要继续用毕生的精力为有特殊需要的孩子播撒理想、点燃希望！努力吧，秀惠！

为你鼓劲的人：秀惠

2019年4月3日

关爱学生成长

我们的岁月，我们的歌

你们是我的骄傲

漏掉的喝彩

谢谢你，让我学会坚强

亲爱的孩子们，当你们的老师真幸福

孩子们，愿你们迈向更广阔的未来

我愿一直守护你

生命中的温暖烙印

心中有善，所见皆善

我们的岁月，我们的歌

（赵祎瀛老师，北京市白家庄小学）

亲爱的孩子们：

　　也许你们知道，就在今天，你们上完了小学阶段最后一节语文课；也许你们不知道，也是在今天，你们的班主任——也就是我，迎来了自己28岁的生日。于我而言，今天最有意义的一件事，就是为你们的小学语文生涯画上了句号。而我也悄悄许下了生日愿望：在明天的毕业考试中，你们每个人都精彩绽放，超越自己，做自己的冠军！

　　时间仿佛又回到了我们初次相见的那一刻，陌生的学校，陌生的班级，还有陌生的你们。那时的我带着紧张和局促，忐忑地走入五（6）班的教室，没想到，雷鸣般的掌声伴随着我的脚步响了起来。多么可爱的孩子，多么热情的班级！一下子，我就喜欢上了你们，也从那时起，暗暗立志，要把这个班带出点成绩来！

　　两年的相处，让我们从陌生到熟悉。让我从一个刚刚调动过来的新老师，变成了其他班主任羡慕的老师。那都是因为有你们！

　　还记得有一次，我刚刚接班没有多久，学校开展"唱好歌，诵经典"的活动。我们班在选歌阶段就遇到了难题：每个人都有自己喜欢的歌曲，也都有能说服他人的理由，到底该选哪个？大家纷纷为班里的事情出谋划策，争执不下，最终，在我的建议下，大家通过投票的方式顺利选出歌曲——疯狂动物城的主题曲《Try Everything》。可能是因为这是公平投票得来的结果，又是班级一次难得的亮相，大家在练习的时候格外卖力。这首英文歌曲并不容易，尤其是和声的部分。同学们一次又一次反复练习，还自发加入道具和动作。有的同学嗓子哑了，有的同学发起了低烧，可是，没有一个人请假。当我询问时，他们都淡淡地说："老师，我没关系，班级的事最重要！"那一刻，我的眼睛湿润了，打心眼儿里心疼孩子们，又打心眼儿里为你们骄傲！

转眼间来到了六年级的第二学期。这一周轮到我们班值周了。我坐在班里，假装一脸愁容地问大家："哎，赵老师今天很犯愁，不知道下周的升旗仪式展示我们班要表演什么呢？"本来只是想试试大家的反应，不想大家情绪颇为高涨，都说想唱歌。我心里窃喜，但嘴上还是说道："唱歌是挺好，不过我们都六年级了，怎么才能唱出点新意呢？"这个时候，一位同学一脸不服气地拍案而起："那咱们就来点有新意的，咱们自编自导自弹自唱！"说罢，全班同学竟不约而同为他鼓起掌来，更没想到，大家说干就干，在班委的带领下，选歌、改词、排练，忙得热火朝天。因为是最后一次升旗展示，所有人都很珍惜这个机会。知道我会弹吉他，大家特意找到我，想让我来伴奏，我当然欣然接受。最终，我们选择了张惠妹的《永远的画面》作为旋律，由我和孩子们一起填词，一起表演。

由于天气原因，我们没能在全校展示，不过，一曲唱罢，我们每一个人都被深深地感动了。大家或拥抱，或击掌，仿佛完成了生命中的一件大事！

聚散离合终有时，只是没想到这一刻来得如此之快，如此让人措手不及。但看到你们健康快乐地成长，看到你们迈向更高的学府，我只有满心的欢喜和祝福。我会默默看着你们前行的背影，默默地祝福你们越来越好！

赵祎瀛

2019 年 6 月 11 日

你们是我的骄傲

（王晓霞老师，山东省青岛市青岛二中）

我亲爱的孩子们：

今夜，我提笔要写一封家书，却不知写给谁，因为有离别有距离，才需要家书来传情达意。那好吧，就写给你们，这群三年来已经成为家人般的存在、却在毕业季倏忽不见了的孩子们。

三年前，生完二胎的我，原本要继续去高二教书，没想到暑假里被通知要回到高一做导师，于是我就遇到了你们。这三年来，我常常想，我是何等幸运，能遇见三班，遇见你们！你们热情开朗，朝气蓬勃，敢言敢为，踏实进取，总有一大拨人用满满的正能量，带动着整个班级向前走。不管是学习、纪律、卫生，还是班级氛围和凝聚力，你们都是最棒的！每一位同学都是特别的，也许在某些方面多多少少有点问题，可那丝毫不能掩盖你们身上的光芒。"如切如磋，如琢如磨"，在我眼里，你们每个人都是一块璞玉，经过不断打磨，都能不断成长。与我同办公室的老师们都说，每次我提起你们，不自觉地，语气里都是自豪，眼睛里都是光。

做班主任和做任课老师的体验真的很不一样，我竟然在你们面前掉过眼泪。还记得吗？高二那年的感恩班会，是你们自己策划的，演示文稿的内容我事先看过，但是让我没想到的是，当天讲到感恩老师环节的时候，你们突然全体起立，转身向站在教室后面的我深深地鞠了一躬。那段时间我看了一部经典电影——《死亡诗社》，特别羡慕那里面的文学老师基汀，他因意外被学校开除后，学生们用特别的方式向他致敬。而我那天竟然也被你们这样致敬了……

以前有朋友曾跟我说过，教书育人原本只是一份工作，而我却把它当成一份事业在经营。是的，我想成为这样的老师，"偶尔治愈，常常帮助，总是安慰"。这是一个美国医生的追求，而老师和医生的职业其实是有很多相似之处的。这三年我尽力做到我能做的：每次班会，我都会努力调动大家的思考，让你们学着去规划当下的时间和未来的人生；每次发现有同学在某些方面有疑虑，我都会努力向他们传递我内心的力量。也许我就是想在教书育人的过程中寻找属于我的那一点社会价值感吧。

我以为毕业告别那天我不会哭，因为关于离别的场景，我已经在脑海里想过很多遍了，在心里哭过好几次了。可那天我说着说着，眼泪还是流下来了，把你们也给惹哭了。是啊，最难开口的，就是初次的问好和最后的道别吧。

作为老师，我只参与了你们的一小段人生，更准确地说是一小段人生中的一小部分时光。我不敢奢求我会给你们留下什么回忆，但我想说：你们在我的教书生涯中留下了不可磨灭的印记。感谢你们陪伴了我这三年，因为你们，我感受到了青年人该有的活力与温暖，我想未来几十年的教书岁月，我也会带着这份力量继续前行。

你们是我第一批以班主任的身份从高一送到高三的亲学生。这三年里，我看到了每一个人的变化和成长，由衷地为你们感到高兴；关于未来，十八岁生日寄语里有我对你们每一个人说的话。

未来可期，加油吧，孩子们！你们是我永远的骄傲！

爱你们的导师

王晓霞

2021年7月4日

漏掉的喝彩

（冯艳霞老师，河北省河间市曙光小学）

亲爱的小佩萱：

　　你好！

　　至今我还对当时的情景记忆犹新，在教学《我棒你也棒》这一课时，为了激发你们的学习兴趣，提高课堂教学效率，上课伊始，我就面带微笑地走进教室，告诉同学们："从一进来，我就发现同学们进步了，比上节课看起来精神更饱满，信心百倍。相信这节课我们的合作会更加愉快。"在我的鼓励下，孩子们齐刷刷地坐直了，小脸上泛着红光。我又接着说："只要每个同学有一点点进步，老师都会奖给你一颗星，在同学们眼中你表现得好，大家也会把星送给你。"如我所愿，这节课上得异常顺利，同学们积极活跃，课堂气氛空前高涨，每个小组在合作探究中都很耐心，时而争得面红耳赤，时而发出爽朗的笑声。在汇报成果时，小手高高举起，总想把最亮丽的一面展示给大家，为自己、为小组争星。在总结时，我说："同学们你们太棒了！让我都折服于你们的团结、聪明。班里的星太多了，我们这是明星在行动。"

　　下课铃响了，大家意犹未尽，我带着满意的笑容，迈着轻快的步伐走出教室。这时感觉有双小手在轻轻地拽我的衣角，不经意间一回头，我看到了一张怯生生的小脸，原来是你——小佩萱。平时的你沉默寡言，胆子又小，上课从不举手发言。可这次却鼓起勇气找老师，肯定有事。我急忙蹲下来，摸摸你的头，轻声说："孩子，有事吗？"这时你的脸更红了，张开了几次嘴都没有出声。我急忙把你搂在怀里，继续鼓励："孩子，你找老师是对老师的信任，老师一定会帮助你的。"只见你使劲拧着自己的衣角，终于结结巴巴开口了："老师，你……你没有看到我，我也举手了，没有得到表扬。"这时的我才恍然大悟，原来是为了这事，自己在课上只注意活跃的、回答问题好的学生，让他们尽展才华，却把你冷落在一边，无视你的存在。看着你胆怯的眼神，老师给了你一个紧紧的拥抱，伏在你的耳边轻声说："你是最棒的！是老师的希望！"然后又大声说："这是老师的错，老师会把那颗最亮的星送给你。"这时的你脸上现出了羞涩的笑容，突然向前亲了我一下，小声说："老师，我喜欢你。"

我可爱的孩子佩萱，当你收到老师这封信时会开心吗？老师知道你并没有责怪老师，不过老师怎么能原谅自己呢，是你给老师上了值得深思的一课，课堂活跃的背后隐藏着的无奈，这让老师好长时间都无法面对你。我可爱天真的孩子，是你的善良纯真让老师在以后的工作中更加努力，实时捕捉课堂中的每一个亮点，多去关注那些和你一样不善表达的孩子！

祝福小佩萱越来越活泼开朗！

你的老师：冯艳霞

2021 年 7 月 27 日

谢谢你，让我学会坚强

（蒋守玲老师，黑龙江省伊春市桃山林业局中学）

亲爱的学生：

　　那一年，你成了我当班主任的第一届学生，一名特殊的学生。记得当初分班的时候，其他老师一听是坐在轮椅上的女学生都面露难色，新当班主任的我不怕困难愿意要你。那一年我儿子不到一周岁，从出生体质就不好，经常半夜发起高烧，没教你之前，初为人母的我常常一边抱着孩子输液一边哭，而自从教了你，我就变了。

　　那时，学校考虑到你上下楼不方便，同年级里只把我们班安置在一楼。开学第一天，你是被妈妈和妹妹推着来的，你的脸上一点儿血色也没有，而且也没什么表情。从你妈妈那里，知道你原本也是一个健康快乐的小天使，六岁时发生车祸，从此只能坐在轮椅上。对于一个毫无经验的新班主任，我每天考虑最多的就是如何让你快乐地融入新的集体。每天上学放学，同学们自发接送你；课间，同学们争先恐后地推着你到操场参加游戏。慢慢地，你喜欢上了这个充满爱的集体，你的脸上逐渐展露出笑容。

　　记得那次，学校组织金秋音乐会，作为班干部的你和我们一起商讨演出节目，突然有一名同学提议，希望你能够参加。短暂的沉思之后，你答应了。接下来，每天放学后的节目排练，其他同学都累得满头大汗，而你，更要自己摇着轮椅和他们一起走位……这样练了一天后，我坚决反对你继续参加，我实在不忍心看你咬牙坚

217

持的情景，你却笑着对我说："老师，没事的，我是班干部，我应该带头参加活动，我一定能行。"演出当天，你们的节目掀起了高潮，全体师生起立鼓掌。大家都被你坚强的毅力、出色的表演感动了。在你的眼神中，我看到了坚毅、执着与自信。演出结束后，我们班参加演出的同学集体合影留念，这张珍贵的照片成了鞭策我前行的动力。每当遇到困难、情绪消极的时候，我就会看看照片上的你。

　　而你更为坚强的一面，是在那个寒冬里展现出来的。记得那个冬天冷得出奇，学校的供暖设备冻坏了。于是，每个班级搭了一个简易的小炉子，全班同学主动让你坐在离炉子最近的地方，即便这样，你的腿还是冻伤了。看着你的腿，我不禁潸然泪下，因为我的左手也冻坏了，所以我知道冻疮的滋味。我坚决不让你再来学校上课，但你极力反对，你说最大的幸福就是和同学们一起坐在教室里。于是，你我又一起并肩与冻疮作战，经常是我把冻疮药给你，你把妈妈得到的偏方告诉我，我们越来越像一对母女，时刻牵挂着彼此！在那个寒冷的冬天，因为你的榜样作用，生病的同学都坚持来上学，班级里凝聚着一股坚强向上的力量。三年来我们班成了全校最团结的班集体，你也成了班级的精神领袖，看到你，没有人能选择倦怠。

　　毕业时，许多老师都说，我为你付出了太多太多，但我庆幸当初选择了你，能在第一届当班主任时遇到你，是我最大的幸运，是你，让我学到了许多许多。

　　如今，老师被选为教育部"名师名校长领航工程"的一员，现在每天早上第一件事就是听国学大家辛意云先生的讲解。每天除了写作业就是看书，没有一点儿娱乐时间，身边的老师都不大理解，有时候自己也难免有所懈怠。但每当这个时候，不知怎的，我就会想起你那坚定、执着而又自信的眼神，是你的眼神让我更加确信，生命的开展需要勇敢和坚持！

蒋老师

2019 年 8 月 15 日

亲爱的孩子们，当你们的老师真幸福

（张晓慧老师，青海省西宁市第一中学）

亲爱的孩子们：

　　与其说老师无私的爱点燃了学生的人生，不如说学生纯洁的爱温暖了老师的生命；与其说学生因老师的教育提高了生命的高度，不如说老师因学生的成长延长了生命的长度。今天，我要把这封信写给这些年遇到的你们，说一说我们的故事。

　　故事一

　　高冷孤傲的你脸上很少有笑容，让人不容易接近。那天改到你的作业，错误百出，书写潦草。我翻来覆去查看前面几次作业，发现给你留下的批语，"作业不认真，请订正"全都静静地躺在你的作业本上，你一个字也没动。我决心会会你，叫课代表请你到办公室来。你一声不响站到我的办公桌前，把正在备课的我吓了一跳。问你作业为何写成这样，你头一扭，眼睛望着窗外，用沉默来回答我。那次谈话无果而终。在我的劝说下，你的作业是订正了，但你倔强的样子常常浮现在我的脑海。心中的疑虑让我踏上了家访之路。到了你家，在你爷爷奶奶的千呼万唤下，你才极不情愿地从里屋挪了出来。也是那次家访，我才知道你是单亲，还是留守儿童。回家时已是繁星点点，我仰望星空，心想：再小的星星也能发光，我要用我的爱滋润你干涸的心田，消融你冰冻的内心。从那以后每日巡课，我的脚步必定为你停留。还记得那次课本剧《河中石兽》的演出吗？当你们小组拿出用废报纸、废鞋盒盖做的铁锹、船桨、西瓜帽和羽毛扇时，同学们都被这绝妙的想象力和创造力惊艳到了。当组长报出道具人的姓名，竟然是你！同学们先是一愣，然后是长久而热烈的掌声。我看到了你脸上久违的笑容。孩子，你知道脸上洋溢着笑容的你多么阳光吗，愿你从此心中有爱，用它来唤醒热情和生命。

故事二

一个小姑娘独自坐在最后一排，确实让人看着有些怪。询问过班主任，说这是你自己的要求，我甚是诧异。还记得那次演课本剧吗？我挑选出八个优秀剧本创作者担任编辑，同学们以小组为单位分配角色。你的剧本写得多好呀！可是我从其他组巡视到你们组时，发现你们组一个角色都没定下来，原来没有一个人愿意和你配合。我询问怎么回事，你尴尬地站在那里，咬着嘴唇，满脸通红，手捻剧本，眼噙泪水，我不禁心里一揪。下课后我将第八组的同学召集到办公室。同学们说你不团结人，他们都不喜欢你。我批评了他们，教育他们要给你一点儿时间和机会来改正错误。在我的安排下你们组的角色算是定了下来，看到你认真地给组里的同学讲剧本，我心里有了些许安慰。演出那天你出演"学者"，你一口流利的文言文台词赢得了大家的掌声。我站在教室后面，看到你找寻我的目光，我朝你竖起了大拇指。孩子，独学而无友，则孤陋寡闻。学会交流与分享，快乐会常伴你左右。

故事三

期末用思维导图法上复习课。你的图一看就是精心设计的，很美，却有些知识性的错误。我叫你到办公室，你怯怯地站在我的身边，清秀的小脸写满紧张。望着你这小可怜，我尽量用温和的语气和微笑来消除你紧张的情绪。讲完后，看着你瘦弱的小身影从办公室门缝里斜挤出去，不禁心生怜爱。第二天请了几位同学到黑板上演示你们的构图，你条理清晰、准确无误地将都德的《最后一课》的思维导图呈现在黑板上。在同学们热烈的掌声中你羞涩地笑了。下午课间你来到讲桌前，悄悄地塞到我手里一样东西，我一看是一小块润喉糖。抬眼时你已跑到了教室的图书角。我手握润喉糖，还没有吃已甜到了心里。

孩子们，我好喜欢这种有情感、有温度的工作，当你们的老师真幸福！这是我写给你们的信！

想念你们的张老师

2018 年 7 月 31 日

孩子们，愿你们迈向更广阔的未来

（林世峰老师，山东省莱阳市文昌小学）

亲爱的同学们：

又是一年"六一"时，你们好吗？

分开已近四年，在我无数次的想象中，你们变得更加懂事能干，更加热爱学习，更加健康阳光，更加帅气漂亮……无数个"更加"也写不完老师对你们的美好祝福！老师知道你们一定会做得更好，正如在相处的日子里，你们给老师接连不断的惊讶和喜悦一般！成长的力量，会在你们的身上保持下去，使内心不断滋润丰盈。

与你们一起走过的日子，是我生命中最美妙的时光。在你们天真烂漫的年纪，在我人生中最富生机的时光，我们相逢在山前店，如此幸福而快乐。忘不了你们用一声声"老师"，宽容地接纳着我的不足，唤醒了我教育生命中的激情与活力；忘不了你们在课堂上热情的投入，激烈的辩论；更忘不了课间咱们师生快乐地玩耍，校园各处活跃着的你们生机勃勃的身影……"暮春者，春服既成，冠者五六人，童子六七人，浴乎沂，风乎舞雩，咏而归。"《论语》中这一幅温馨的画面，何尝不是咱们师生间快乐而又美好生活的真实写照？

去年夏天，老师告别实验二小，来到文昌小学。今年夏天，你们也将告别小学时光，迎来初中生活。这是你们在小学度过的最后一个儿童节，该向你们说些什么好呢？我想，我们不必回忆，不必

223

依恋，更不必伤感。心怀梦想，迈向更广阔的未来。将来不管你们到了初中、高中还是大学，乃至踏上工作岗位，老师都希望你们能做到以下三点：

一、做一个热爱读书的人

"何为天下第一等事？当读书做圣贤耳。志不立，天下无可成之事。"老师希望你们从小立下读书之志！今年老师送给你们的是《初中语文新课标必读丛书》，其中既有《朝花夕拾》《骆驼祥子》《城南旧事》《繁星·春水》这样的中国名著，又有《海底两万里》《格列佛游记》《钢铁是怎样炼成的》《童年》等外国名著，这些都是你们上初中后要读的，希望你们共同分享，彼此交流。当然，读书的目的有很多，学业的提升仅是其中之一，更重要的是文化的积淀，精神的丰富，生命的成长。

二、做一个乐观善良的人

孔子"饭疏食饮水，曲肱而枕之，乐亦在其中矣"，颜回"一箪食，一瓢饮，在陋巷，人不堪其忧，回也不改其乐"，希望你们能向先贤学习，无论处在生命的哪个阶段，富贵贫贱也好，得意失意也罢，都要学会快乐生活，安之若素。

心态决定人生状态，一旦你拥有善良，你就会理性面对生活中的不如意，平和对待世界。孔子说"仁远乎哉？我欲仁，斯仁至矣"，就让我们从自身做起，孝敬父母，团结同学，尊敬师长，做一些力所能及的事情，帮助需要帮助的人，让别人因为你的存在而感到快乐。

三、做一个坚持追梦的人

梦想并不遥远，只要做到这一点就一定能实现，那就是坚持。令人欣慰的是，老师已经从你们身上看到了可喜的势头。你们或坚持阅读，或坚持帮忙照顾家里的弟弟妹妹，或为了自己喜欢的体育项目能在运动会上取得好成绩而自觉加练，或为了画出一幅满意的作品而沉浸其中乐此不疲……通往梦想的路上从来都不会一帆风顺，相信你们只要选择自己喜欢的事情，拼尽全力地去完成，就一定能创造属于自己的奇迹！

"学而时习之，不亦说乎?"这是《论语》开篇之言，也是信中我与你们分享的最后一句话。学者，觉也。当一个人有所觉醒，自然就会带出觉醒后的实践力量。亲爱的同学们，未来的路还很漫长，努力前行吧，走向生命的自我觉醒，迈向属于你们的更广阔的未来！

爱你们的林老师

2019 年 7 月 31 日

我愿一直守护你

（杨雯老师，北京市房山区十二中朗悦学校）

小语：

你，个子小小的，身材瘦瘦的，头发黄黄的，眼睛大大的，笑起来的样子甜甜的……与你初识，我们都是这个学校的新人，心情既激动又忐忑。不同的是，你是学生，我是老师。

开学第一天，全班同学都做了自我介绍，而你没有。我以为你是紧张、害怕，想着我教你一句，你说一句，但是你没有言语，只是红着脸，害羞地冲我微笑。

慢慢地，我发现，上课时你可以跟着大家齐读课文，但是当自己站起来回答问题时却总是摇头；书写时，如果我站在你身边，你会做到认认真真、一笔一画，但当我走开时你却开始"随心所欲"；讲过很多遍的知识点，你总是记不住，考试成绩也很不理想……你的不同，让我对你的关注又多了一分。

随着时间的流逝，你与其他同学的差异越来越大，我越发感觉到你的焦急与不安。你渴望得到同学们的认可与关怀，可班里的同学你能叫上名字的却没有几个。为了与你更多地沟通，我几乎每节课间都会叫你到我身边聊上几句，你很胆怯，却又想从我身上得到更多信息，我问，你却不语。有一天早上，你刚进教室，看到别的同学向我问好，你也学着，走到我身边大声说："老师，早上好！"我又惊喜又意外，将你拥入怀中。从那天开始，每每下课你总是主动跑到讲台前，一双水灵灵的大眼睛看着我，大声叫我"老师"，然后嬉笑着跑开。记得一次课间，我还没有进班就听见有同学叫你的名字，我怕你受欺负赶忙跑进教室，原来是你和同学在一起擦黑板，看到了你对生活的热情，我满是欣喜。

在学习上，我们从基础开始，一起不断巩固、加深对知识点的理解，一步一个脚印地慢慢学。对数学你总是提不起兴趣，同学们已经在做百以内加减法混合运算，你却还在十以内的加减法徘徊。不过，我知道你已经很努力了，课下常常看到娇小的你在书桌前奋笔疾书，这是你对学习的执着，也是你进步的开始。

有一次课上，我以"开火车"的方式提问，有意叫到了你，你害羞地站起来，在我的提示下，勇敢地说出答案，同学们都为你竖起大拇指。渐渐地，课下你会主动拿着作业本找我批改，虽然进度追赶不上其他同学，但是每一页都有你认真的痕迹。遇到不会的题你也会来问我，一遍又一遍，你专注的神情令我感动。与同学的关系越来越好，在得到别人帮助时你会主动说声"谢谢"。全班同学的名字你已熟记于心，还经常张罗着帮我发作业本。

记忆最深刻的一次，班级举行朗诵大赛，你主动找我报了名。当比赛轮到你时，我很担心你会像最开始那样站在那里不说话，但你并没有。这次，你淡定地走到讲台中央，用流利的普通话背诵了一首《春晓》，话音刚落，同学们纷纷为你报以雷鸣般的掌声，我激动得说不出话来，晶莹的泪珠模糊了双眼。你鞠躬谢幕后开心地走下讲台，那个笑容令我至今难忘！孩子，你真棒！

感谢命运让我遇见了天使般可爱的你，感谢你让我走进你的世界。是你的信任让我得以更深地了解你，更多地帮助你，更好地爱你！

老师相信，在今后的道路上，你一定会继续奋进，不管成绩如何，我希望你像其他同学一样每天开开心心、快快乐乐，健康成长，我愿一直守护你！

你的杨老师

2020 年 12 月 17 日

生命中的温暖烙印

（方仁艳老师，海南省海口市国兴中学）

亲爱的学生们：

因为教师节，所以我看到很多温暖的文字，字里行间都是相处时的点点滴滴，哪怕几年甚至二十几年过去了，我相信你们仍然记得心目中老师最美的模样。而我，也同样忘不了你们，我的学生们。

你呀，小小的你，最先跳进我的记忆。我一直记得那个镜头：头昏脑涨的我慢慢地起床，摸索着开灯，打开我小小的学校宿舍的门。一阵瑟瑟的秋风吹进门里，我躲了一躲，就看见站在门口那束光柱里的你——一个小小的女生，捧着一个大大的碗。我还来不及问，你就告诉我，说是看到老师生病了，一个人，家又远，没人照顾，放学后一回家，妈妈就做了很好吃的鸡蛋面叫你送来。到学校后，看我房间没亮灯就猜到我睡了，自己在外面等啊等，现在面条还没冷，让我快吃，吃了病就好了。我的心瞬间就融化了。那种刚毕业远离家乡的陌生孤独，似乎是从你说这些话时慢慢消逝的，真的，那是我吃过的最好吃的面条，很久很久之后我还惊叹于你妈妈的厨艺。到现在我都不知道，那么一大碗热热的面条，你是怎么拿的，有没有被烫到，为什么过了那么久面条还没凉……而今，我越发体会到，那是你和妈妈的爱与善良温暖了面条，也温暖了我。就是那碗秋夜里冒着热气的鸡蛋面，让初为人师的我懂得了世间还有这样一份师生情。

第二个想起的就是小金你了，那时你的表现有些放荡不羁。可那一年我要调离学校了，你不知从哪里听说，竟和几个同学从不同的市县找到我家。外出了几天的我，那天刚到小区门口，保安就说你们来了。我很惊奇，你们是怎么找到的！那时手机还不普及，你说通过电信查到我家电话所在地，来了几次终于等到了。人家是千里寻母，你们可是千里寻师啊！我惊叹于你们的聪明，也赞叹你们的韧性。你还掏出另一位同学妈妈给我的信，信里说理解我去更好的学校的做法，只是希望我留一张照片，背后写几句鼓励孩子的话。看到这些，我怎么能舍得离开！你们用行动告诉我，遇见是缘分，是契约，不能单方面取消的。现在每当看到别人千辛万苦去寻找失联的人，我就想起你，想起你们。

我还想起了小春你，以及你的爸爸妈妈。那一次，因为和同学闹矛盾，你受到了很大的伤害。我和同学们把你送到校医室，我靠着墙看校医处理你的伤口，棉签儿伸到你的肉里那么深的地方，你没喊疼，我却沿着墙瘫坐到了地上。同学们把我扶起来，你一个劲地笑着对我说，老师，不疼，真的不疼！怎么能不疼呢？把你送到医院后，医生说要马上手术，必须通知家长。学校领导嘱咐我N种和你父母沟通的方式，我一种都没做到。你父母来医院后，反倒是一个劲地安慰我，我至今都忘不了你父母对我说的话："老师，不用担心，正长身体的孩子，没几天就好了。"我明明看到你妈妈查看你的伤口时满眼的泪水，她却丝毫没有责怪我这个班主任老师，也没有问责对方家长。她还和我说，都是孩子，偶尔失手，长个记性，以后就会注意了。人家说独生子女娇生惯养，你的父母却是以这样的方式成就了你的宽容和大气。同时，他们也教会了我什么叫包容，什么叫换位思考。

我还想起了很多很多给予我温暖和力量的你们，以及你们的父母。我明白了，有些人相遇过，不论时间长短，注定都会在彼此的生命中留下烙印。就让我引用刚毕业的同学们送给我的诗句来结束吧——"金风玉露一相逢，便胜却人间无数。"

方仁艳

2018年9月12日

心中有善，所见皆善

（赵亚涛老师，北京市房山区良乡第二小学）

岩岩：

你好！一晃五年过去了，你是不是长高了许多？那双大眼睛是不是依然那么迷人、可爱？

还记得吗？一天下午的课间，我正在批阅作文，你悄悄地走到我身边，怯怯地说："老师，中午休息的时候，有个二年级的男孩追着我和圆圆大声说我们是高年级的侏儒，永远长不大什么的一些很难听的话！"一边说着，你的情绪一边变得激动起来，小脸通红，眼泪在眼圈里打转。我耐心地倾听着，心里却在想：看不见我正忙着吗？都六年级了，这点儿芝麻大的事也值得找老师解决？但是望着你那双真诚的、有些无助又有些委屈的大眼睛，我立即为自己刚才的想法感到羞愧。我笑着对你说："我真高兴，才接这个班不到一个月，你就能把我当成好朋友，跟我倾诉你的烦恼。那个小男孩说你们的时候，你们有没有动手打他或者也说一些难听的话？""没有！""这点我得先表扬你们，学会了冷静处事。"看到你激动的情绪平和了许多，我接着说："你之所以把这个事跟我说，是觉得他这样说你，让你很气愤，对不对？"你眨巴着大眼睛使劲地点点头。"那么，孩子，我想问问你，你觉得小男孩说的那些话会成真吗？"你摇了摇头说："不会！""既然是连影子都没有的事，我们为它难过、气愤又有什么意思呢？"你挠了挠头，表示认同。"我觉得你可以不用放在心上，就像没听到一样。你这样包容别人，大家肯定都会觉得你很大度，像个男子汉！你说呢?"这时你不好意思地笑了。"现在是不是不难过了?""嗯!"你点着头，笑着离开了。

望着你开心的背影，我很庆幸自己没有嘲笑你无事生非。我又想，教育不能就此戛然而止，我希望在你们心中播下宽容待人的种子。那天下午放学前，我特意在"今日感言"时间拿出5分钟，把你跟我说的事讲述给大家听，肯定你冷静处事、宽待他人的好品质。

没想到，这件事让你深深地记在了心里。有一次你回学校看我，还对我说起了这件事。你说："您心中有善，所见皆善。因为您作为人民教师，总是以一颗善心去欣赏评价您的学生，所以我们也会成长为一身浩然正气的新一代!"说实话，如果不是你提起，我真的没想到这件小事会对你有如此深远的影响。

事过之后，我也在不断反思。作为教师，我们应该时刻站在孩子的立场上思考问题，关注他们的感受，对待孩子遇到的问题，要问问自己："如果我是他，我会怎么想? 怎么做?"孩子毕竟不是成人，切忌用我们惯有的思维、视角去看他们所处的情境，而要感同身受地去理解孩子的体验。要引导他们朝着积极的方向去思考，在肯定与激励中让孩子乐于接受正确的理念。

同时，教育是润物无声的，它无时不有，无刻不在。教育无小事，每天发生的点滴琐事利用好了都是教育的大资源。教师要做一个独具慧眼的人，抓住孩子间每一个小矛盾，挖掘它具备的大教育契机，向孩子渗透做人做事的道理，让教育无痕。

岩岩，谢谢你! 我们之间的这件小事，让我更加相信"心中有善，所见皆善"。用这样的心去看世界，看生活，看人生，看学生，才会看到世界的美好，天空的蔚蓝，花鸟的可人，人间的真情，学生的可爱。心中有快乐，所见皆快乐；心中有幸福，所见皆幸福；心中有对孩子美好的愿景，才会引领孩子追求美好的人生境界。

　祝

一切安好！向善而行！

你的大朋友　亚涛老师

2020年1月13日

和谐家人关系

读懂经典，读懂您

思念绵长，爱若星河

娘，来生我们还做母子

长兄如父

孔怀兄弟，同气连枝

让我好好看看你

遇见你真好

橡树对木棉的告白

儿子，因为你，我看到了"仁"的闪耀

读懂经典，读懂您

（夏红老师，北京师范大学中华文明传播中心）

亲爱的爸爸：

您离开我们近六年了。如果您健在，这个月就该过91岁生日了。随着经典学习的逐步深入，我就更加思念您。您就像一本厚书，在您生前，作为女儿的我，没有完全读懂。

记得儿时，时常听到您捧着本儿古书在唱，我不懂您唱的是什么，但是您乐在其中。我当时觉得爸爸真有点儿像鲁迅书中的孔乙己，怎么总是喜欢这些陈词旧调呢？不要说想学了，我连听都不爱听。可是直到近期我才知道，这种调式是自古传下来的吟诵方法，现在这些曲调可是作为宝贵的、传统的吟诵方法在被抢救啊！

在没有深入学习传统文化之前，有很多地方我都不太理解您。比如说小时候，您为了锻炼我的毅力，有一年放暑假要求我从姥姥家走回到自己家去。姥姥家住在西四，我们家住在王府井，坐公交车要六站地。为了让我不觉得孤单，您决定推着自行车陪着我一起走。那天天气很热，为了缓解我的情绪，您带着我穿行各种各样的胡同，边走边给我讲胡同里的文化。一路上不停地为我鼓劲儿，让我坚持再坚持……后来我成为学校的长跑队员，这和您对我的锻炼是分不开的。但是，真正懂得您，是深入学习《论语》之后，孔子说："士不可以不弘毅，任重而道远。"我才知道，您对我的教育，是为了在一点一滴中培养孩子这种"弘毅"的精神、吃苦的精神。

还记得小时候有一次我自己乘坐公交车，车上非常拥挤，我还没到站，就被大人们裹挟着挤下了车，回到家，我把剩余的车票钱交还给您。您看着说："今天怎么省了一毛钱？"我胆怯地说："今天的车票还没来得及买，就被大人夹带着提前下了车。"您听后，放下手头的工作，拉着我直奔公交车站，让我自己把钱递给售票员，并解释说："孩子小，没来得及买票就被挤下车了，我们现在补交。"现在学习《论语》，孔夫子反复强调"主忠信"。爸爸，直到今天，我越发由衷地敬佩您，爱女以德，而绝不放过我任何一个违背"忠信"的细节。

打开记忆的闸门，我再度回到幼儿园的岁月里。那时候是整托，一周才能回一次家。每周一下午可以吃从自家带的加餐。有一次，我无意间提起班上的一个小朋友，因为家庭的原因从没有加餐可带。您听后立刻决定，以后每周给我带两份儿，分一份儿给这个不幸的小朋友。后来不记得因为什么事，我跟她发生了口角，于是我赌气不再给她带了。您知道后，语重心长地告诉我："你有可以照顾你的爸爸妈妈，有家可以回，她连家都回不去。咱们关心、爱护她是应该的，不要为一点儿小事伤了小伙伴之间的感情。"当时虽然不情愿，可还是照您说的做了。老师当着全班小朋友表扬我"仁义"。说实话，直到学了《论语》，体会孔夫子倡导的"仁"，才深切地懂得了爸爸您为人处世的仁厚。您在我开始计较小恩怨、小得失的时候，适时地引导小女保有一颗"仁爱"之心，学会关怀与包容。

亲爱的爸爸，您给我的心灵滋养，在学习经典之后，仍然在持续不断地发酵着。当父爱与德合二为一时，那便是永恒温暖的存在！

想您的红儿

2020年8月2日

思念绵长，爱若星河

（王晓红老师，河南省濮阳市开德小学）

亲爱的爸爸：

您好！

一声"亲爱的爸爸"，再次让我泪流满面，尽管您离开我们已6年有余，但我始终觉得您不曾离开，思念恒在，爱也恒在。

爸爸，感谢您让我懂得孝顺。记得我小时候，您常年在外地工作，单位工作忙，您只能在节假日才回家。每次一回到家，您总是快速地洗漱整理，把身上一路颠簸弄脏的衣服换下来，然后穿上干净整洁的衣服，和妈妈一起去爷爷奶奶家、姥姥姥爷家"报到"。一直到您退休前，每年您都如此做，数十年如一日。我不知别人如何对待长辈，但我看到了您一直如此敬重长辈，您或许不曾听读《论语》，但您一直在践行《论语》中的孝道。我们常常诵读"父母之年，不可不知也。一则以喜，一则以惧""事父母，能竭其力"等语句，现在的我，做到了《论语》中的"三年无改于父之道"，和您一样做一个孝顺的人，我孝敬妈妈和公婆，无论是物质还是精神，我都尽量做到最好。同时，我们夫妻和睦，您的外孙女和外孙非常懂事也很孝敬长辈，我想这便是好家风的传承吧，感谢爸爸带给我的别样财富。

爸爸，感谢您让我变得温润。您总是教育我，为人处世要处处谦让恭敬，不要和别人争一时长短，要严于律己，宽以待人，正所谓要践行"温、良、恭、俭、让"和"己所不欲，勿施于人"。无论是上学还是工作，我谨遵您的教诲，待人温和，对人恭敬，做人正直。教学上您让我一定要认真负责，因为每个孩子都是家庭的希望，工作万不可懈怠。从您身上带着的那一大串钥匙，我知道了您是单位的"靠谱老王"，您负责的工作面大、口多，您单位的领导和同事也都很喜欢您敬重您，因为让您做的事情总是完成得最漂亮。就连你们单位院里面的小卖铺和维修铺店主也都夸您，让您帮忙从没有推辞过。您的敬业让我变得更敬业，您的善良影响着我变得更温润。我经常带着孩子积极做公益，线上线下匿名募捐近万元。做一个善良的人，成全的不单单是别人，其实成全的更是自己，成全自己成为一个内心有光亮的人。感谢爸爸带给我的温暖。

爸爸，感谢您给我满满的爱。您记得吗？我小时候淘气，大雨过后我穿着您那双几乎齐我大腿的雨靴踩水玩时，整个人趴进水里，您没有责骂我而是抱我回家；您从工作地到家需要颠簸整整一天，为了能给我们姐妹带回更多的礼物，您总是把提包塞得满满的，像是要把拉链撑开一样，生怕没把最好吃的最好玩的给自己的女儿带回来；我青春期困惑时，您不经意的引导和点化让我茅塞顿开；还有您在弥留之际唤我那声弥足珍贵的"妮儿"……爸爸的爱像星河，满满的。

记得有一部电影里有这样一句台词："死亡不是逝去，被遗忘才是真正的消亡。"这句台词温暖了我很久，因为，有我们的思念，所以，爸爸您会一直在。

感谢北师大《论语》百日线上学习活动，给了我静下心来给您写这封信的机会，满眼含泪，在不停的啜泣声中写下了一直以来想对您说但不曾对您说的话，表达我深深的思念。

永远爱您的女儿

2021年7月15日凌晨

娘，来生我们还做母子

（董浩老师，广东省惠州市东江高级中学）

娘：

今天是我参加北京师范大学第九期《论语》百日线上学习的第37天，37天来，我良心受到的折磨越来越大，使我越来越深刻地感觉到我对不起您，我亏欠您的不是物质的匮乏，而是心灵的宽慰。

娘，我知道您不识字，但没关系，我用心读给您听，相信您一定会听懂的。

娘，您是活到老、节省到老的，我至今养成的节俭习惯是您教我的。在我的记忆里，我们姐弟六人童年时没买过一双鞋。记得每年快到过年时的一个个晚上，忙完了一天杂事的您，就守着一盏油灯，开始为我们姐弟六人做布鞋，上一针下一针，一直到半夜，有时到天明。常常头天晚上还是一块块的碎布，第二天早上就变成了一双双新鞋。

娘，您是活到老、辛苦到老的。您26岁那年，父亲身体突然残疾了，家庭的负担全落在您一个人身上。家大口阔，由于劳动力缺乏，那时我们家总是缺粮户，粮食常常要到十多里外的别村挑回来。至今我都不敢想象，您一米五几的个头，挑着那百来斤的两箩筐粮食，是怎样一步一步地走回家的，但您每次讲起这些往事的时候，脸上的神情好像表示那不是您的酸楚，倒是您的荣光。

娘，您是活到老、盼到老的。娘，您一生不识一字，但当我们到了读书的年纪，您就把我们一个个送进学堂，您希望子女能吃上公家饭。要知道那时吃上公家饭在农村是多么让人眼红的事，您自然也不例外。也许是天意弄人，六个子女中只有我如您所愿考上了大学。我猜那一刻您应该是最幸福的娘了。我之所以能长大成人成才，全是您用血汗养育的啊！

娘，您常说"养儿防老，积谷防饥"，但我只防住了您的饥，没能防住您的老。毕业后我没有回到家乡，因此，每周六和您通电话便成了我孝敬您的唯一方式了。每一次通话，我总是问候您"吃了吗？钱够不够用？"之类的话，至于您心里想什么我却自动忽略了，而您在电话那头的回答永远是"我挺好的，不用担心，好好工作，别辜负了学生"。时间久了，我的警惕心放松了，竟天真地认为这样的通话会永远持续下去。直到有一天，大姐打来电话，说您中风了，已经说不出话来了。我赶紧和爱人连夜带着孩子火急火燎地往回赶，当我看到您时，我流着泪喊了一声"娘，我回来了"，您没有应答，眼泪却从两个眼角流淌下来。这是我平生第三次见您流泪，因为您生性刚强，从不在人前落泪。第一次是父亲去世，第二次是我考上大学。娘，天不假年，您的刚强还是没能扛过这一劫。老舍先生说过："人，即使活到八九十岁，有母亲便可以多少还有点孩子气。失了慈母便像花插在瓶子里，虽然还有色有香，却失去了根。"今天的我，也成了那没根的花了……

娘，我说不下去了，我对您的歉疚一辈子也说不完，这些悔恨今生我是再也无法弥补了！我只希望有来世，让我像您爱我一样爱您，但我不知道有没有来世，如果有，娘，来世我们还做母子，好吗？

　　再拜！

不孝子：心望

2022年1月4日夜

长兄如父

（刘晓玲老师，广东省广州市荔湾区教育发展研究院）

亲爱的哥哥：

您好！

这是我第一次提笔给您写信。爸爸妈妈在世的时候，我在外地求学工作，只在给爸爸妈妈写信时，顺便问候哥哥、姐姐的情况。后来有了电话，变成了电话问候，信也写得少了。

小时候物质匮乏。虽然父亲工资不低，可他一个人的工资要负担一家六口与爷爷、曾祖母的生活开支。记得那时候，白米紧缺，妈妈常常煮番薯给我们充饥，少有地蒸一盒白米饭是留给哥哥你吃的，因为你那时已经成年，干着很重的体力活。可你总把白米饭分给弟弟、妹妹一些。"后半辈子天天有白米饭吃"，这曾是母亲和儿时的我们对生活的最大期盼。

感谢上天，让我生活在一个幸福温暖的家庭，有勤俭持家的母亲，把一家人的生活安排得井井有条；有关怀弟妹的兄长，为父母分担家庭负担。生活虽不算富裕，但能吃饱穿暖，还让我和弟弟都完成了大学学业。

家乡义乌开全国之先河，从"鸡毛换糖"发展到开发小商品市场，哥哥你也顺应潮流参与其中。你诚信经营，薄利多销，成为远近几个村庄第一个"万元户"，在家乡的金山脚下，建起了第一座乡村别墅，屋后是一排挺拔的水杉，屋旁有柚子树，院子里有葡萄架，还有一口水井。

记得父亲62岁那年，突发青光眼引起短暂失明，我赶回去的时候，父亲已经做完眼科手术。姐姐虽也在义乌工作，但学校教学工作繁忙，不方便请假，只有哥哥你日夜守护在父亲身边。在义乌县城的小诊所，白天，你悉心照料父亲的治疗和起居；晚上就躺在病房的水泥地上睡觉。后来父亲又做白内障手术，胆囊炎住院，再后来母亲生病到杭州住院治疗，都是哥哥你放下手头的生意，日夜陪伴照顾父母，直到后来他们先后离世。

记得2020年11月，我带着一个研修班的校长和老师去杭州跟岗学习。杭州到义乌，高铁只需要半小时。当时我很想回家乡一趟，但思虑再三，还是放弃了。记得那天，我和您通电话，电话那头您低声说："你都到杭州了，还以为会回义乌。"我听出了你的失望。今年春节，我提前回到了家乡，这次在家乡的时间特别长。想到我这些年都没有在家乡度过除夕，每年都是大年初一才出发往家赶。回家乡过年，仿佛又回到了孩童时代：临近过年，哥哥亲自制作义乌麻糖，满屋子的红糖、芝麻、爆米花的香味……

犹记得父亲健在的时候，临近春节，他总是忙着为邻里乡亲书写春联，乡里到处可见父亲那古朴典雅的隶书。大年三十，我和弟弟的任务是贴好春联、窗花，换上新衣服、新鞋子，在哥哥的带领下拜祭祖先。下午妈妈和哥哥就开始为年夜饭做准备。喷香的卤猪头肉，你趁热一块块用手撕下来，我和弟弟围在你身边，你时不时挑出最好吃的部分给我和弟弟吃，到晚上正式吃年夜饭的时候，我和弟弟已经吃得半饱了……那是多么幸福的儿时记忆，有博学宽厚的父亲，有勤劳能干的母亲，有和睦相处的兄弟姐妹，想起来感觉暖暖的。

常言道："父母在，人生尚有来处；父母去，人生只剩归途。"长兄如父，长姐如母，只要哥哥姐姐还在，我的人生就有来处。家乡的山水处处留着我的足迹，那是魂牵梦萦的故土，那是我们的根，那里长眠着我们的双亲，还有像父母一样期待我们回家的哥哥和姐姐！

爱您的妹妹：晓玲

2021 年 7 月 6 日

孔怀兄弟，同气连枝

（林建东老师，山东省烟台市芝罘区鼎城小学）

建忠吾弟：

"弟弟"，再熟悉不过的字眼，可是今天，竟然是近五十年来，哥哥第一次给你写信。

三十年前，我离开了家乡，只身来到了烟台工作。于是，照顾父母、支撑家庭的重担就落在了你的身上。现在想来，哥哥有些自私，虽然也时常回去，但直到成家以后，才逐渐感受到你代我尽了多少孝道，承受了多少辛劳，甚至背负了多少委屈！

我每次回去，你总是放下手头的工作，早早为我精心准备菜肴，每次看到你近二百斤的身体汗流浃背、锅上灶下、跑前忙后，哥哥很是过意不去，而你把这当成必做的事情，无论冬夏，都是如此；我们陪父母吃饭聊天，你从来不提家中的琐碎，而是笑对一切，甚至村里评选"孝德标兵"，你也把你的名额让给了我，而我事后才得知。你为家、为我做得太多，谢谢了，弟弟……

咱们的母亲操劳了一生，自从五年前得了大病，就成为你我心中无限的牵挂，而你义无反顾地担负起了更多的照料责任。虽然我家与母亲家两地相距不过一百七十公里，却也不能经常回去尽孝，我知道，每次回去哪怕我准备的东西再多，也抵不上你每天到母亲身边哪怕看一眼，哪怕聊一句。

一次，当打听到北京一家医院对病情有疗效，你当天就带着母亲去了北京，而我也从烟台连夜赶了过去。推开病房的门，看到憔悴的你陪伴在虚弱的母亲身旁，我强忍泪水，咱们弟兄俩，一个尝试水温，一个取药送服。几天来，你我跑上跑下，悉心陪护，终于，老母亲病情稳定了。离开北京时，我们母子三人第一次同乘一列动车，母亲在中间，你我在两边，我们第一次坐得这么紧，久违的依偎，久违的亲情，那一刻，我一边握着母亲枯瘦的手，一边看着劳累欲睡的你，似乎回到四十多年前，妈妈带着我们，一手拉一个……我想说一声，辛苦了，弟弟！

如今，我们早已有了自己的妻儿和家庭，也拥有了更多的责任和牵挂。可喜的是咱们的儿子都很懂事，很孝顺，就像亲兄弟一样。作家毕淑敏说过"父母在，人生尚有来处"，父母年事已高，我们孝当竭力，不留遗憾；我希望人生永远有来处，那里有我的弟弟，我的老家，我的根……

弟弟，今天烟台下了一场淋漓的透雨，汩汩流水，串串雨帘，正映衬了此刻绵长久远的情思。四十八年来，哥哥从没有对你说过这些话，可能连只字片语的谢意也未曾出口。真的要感谢北师大《论语》百日线上学习给了我这次珍贵的机会，能让我有勇气向你表达哥哥的心声！

最后，借一首诗让我们兄弟共勉："同气连枝各自荣，些些言语莫伤情，一回相见一回老，能得几时为弟兄；弟兄同居忍便安，莫因毫末起争端，眼前生子又兄弟，留与儿孙作样看。"

祝一切安好！

哥哥

2019年9月4日

让我好好看看你

（郝敬宏老师，山东省青岛市第二中学）

（这里不知怎样称呼，想了许多都不足以表达感情。）

也许是生命中太过熟悉，也许是距离太近，也许是守望太久，所以我从来都不曾认真面对过你、观察过你，也从来没有对自己进行过任何的反思。直到今天，就在你睡下之后，我第一次去看你，第一次侧过身来认真地观察你。这时我才发现，已经睡着的你，眉心也是皱着的。甚至在我轻轻地抚平你的眉头之后，那个皱纹还在，而且是深深的"川"字。我不知道是什么让你有如此的愁容，甚至连睡觉的时候都放不下，是你身边这个让你不省心的我吗？

当内心深处开始了第一次的自我发问时，如烟往事开始渐渐清晰，丝丝缕缕浮现在我的面前。

我们认识的时候是在大四，记得不久就是毕业分配，我们一起来到一个陌生的县城做了老师。你的专业是英语，而且过了专业八级，在那个时代，你完全可以不从事教育工作，甚至可以继续考研，但你还是跟着我一起来到县城当老师。那时，我们没有分在一个学校，为了照顾我，每天奔波在路上的大多是你，但那时的我，却体味不到你的辛苦。

那年的成人高考，你去参加考试。考完后因为和别人一起吃饭，回来得晚了一些。当你回到我那里时，你却没有想到面对的是一个怎样的我。我冷冷地不理你，而且语调异乎平常的冷静，执意让你回去。你不想走，但我居然吼起来，突然爆发的怒火把你吓住了。那天，你默默地离开了我单位，骑着自行车回到了几里外的学校。

后来在你的日记里，我才得知，那天，你回去的路上下起了雨，三公里的路途，你没有带伞，也没有雨披，你一个人骑着自行车，一边淋着雨，一边流着泪，你说你已分不清是雨还是泪。但即便是这样，你都没有想过与我分手。

其实，那天你去考试，我是一直盼着你回来，盼着你来的时候满心欢喜，但是时间一点点消磨了我的耐心，长久的等待也让温情变质，甚至我开始愤怒，终于见到你时，表现出那么不近人情的一面。

我从来没有反思过，而你也从没有抱怨过。人们都说："家有贤妻，没有横祸。"你就是这样地包容我，才让我把工作、生活甚至同事中的很多怨气，都发在了你身上。所以，我要感谢你，感谢你这么多年的包容，让我能平平静静走过来。如果说我还有一点点成功，那都是因为你的付出。你用你最大的宽容，包容了我所有的负面情绪，让我每天都能以一个健康、阳光的心情面对工作，面对生活中的不顺。每天回家之后，我都会习惯性地向你诉说，有时也会吐吐槽，而你总会用你的耐心和宽慰让它消失殆尽。然而，我却从来没有想到过，你和我有同样的工作、同样的压力，你也同样要强而优秀，如果你每日里也对我絮絮叨叨倾倒"垃圾"，我又会是一个什么样子?!

我还要感谢你，感谢你让我们这个家相处得如此融洽。我很早就离开老家在外求学工作，对于家里老人的牵挂没有别人那么强烈，电话打得也不够及时。但不知从什么时候开始，父母把电话打给你，而且就连妯娌们之间有些事情，也打电话给你说。我开始反思，是什么让父母把你看得比我都重。这些年，我把心思都用在工作上，淡忘了很多人情礼道，而每年过春节，都是你想着给各家一一置办礼物，到家之后串门儿的是你，与妯娌们拉家常的也是你。所以，兄弟和嫂子这些年对我这么好，咱家买房时他们毫不犹豫地借款给咱们，其实都是因为你对他们那么好。有一天，我突然就想到，如果没有了你，我的家庭关系又该如何维系?!

当我意识到这些的时候，我只有一个念头：我要改，我要开始做好自己，善待最值得珍惜的你。也请你提醒我、监督我!

当然，我还有一个不情之请，请你在看完这封信后，依然能包容我，请你在我努力变好之后，依然能包容我，因为我离不开你的爱和包容!

爱你的郝敬宏

2018年5月17日

遇见你真好

（朱萍老师，辽宁省盘锦市辽河油田实验中学）

亲爱的先生：

此生第一次给你写信，我感到很惭愧。在你认为与我相关的每一个重要日子里，我都能收到你或长或短的文字，还有你精心准备了很久的礼物。记得我45岁生日时，你送给了我一张聘书，聘我陪你活到95岁，要我做你的老伴……我却时常忘记你的生日。当我在大脑里地毯式扫描了过往的岁月后，我感到深深的内疚。

现在想来，我一直生活在你无微不至的呵护中，我在你手机上的名字是"我的神"。

散步时，我永远走在道路的内侧；过马路，你一定要牵着我的胳膊；每天睁开眼，我都会喝到你晾好了的温水；只要你在家，一定会接送我上下班，我便像幼儿园的小朋友一样带上你给我准备的零食愉快地走进校园；我执意带病坚持上课时，你一直站在我的教室门口守望着我，生怕我有事的时候你不能第一时间照顾我……你，就是我的守护神！

我在工作中遇到棘手的问题时，你总是告诉我"别急，我看看啊"。7年前的一天，我跟你说我给学生做了多年的理想规划，总觉得不够深入，你便把你给大学生做生涯规划的材料给我看，和我一起讨论修改。从此，我的学生享受到了研究生的待遇，每个月你亲自给他们上一节人生规划课，学生们见到你都会喊："副班主任好！"

这些幸运和幸福的学生，几年中沿着自己的生涯规划走出了一道道美丽的风景线。你就是我和学生们的导师！

父亲病重期间，每天一下班，你都第一时间带我回家，我们一起照顾父亲。当我仍处在父亲走后的无尽痛苦中时，你每晚都默默陪伴我到深夜，还时不时把温水送到书房，你是我的伴儿！

今年五月份，我到北京参加北师大"京师好老师生命成长营"，你千里迢迢去接我。我见到你时，说得最多的是那几天的收获和欣喜，你还是和往常一样做我最好的听众。我说每天走进会场的时候，飘在耳中的就是小提琴曲《我爱你中国》，虽然我一直很喜欢这首歌，但是在这里，这首歌第一次和我的使命紧紧相拥。你听后，便和我一起放声唱起了《我爱你中国》，那一刻，我们一起体会了心灵找到归宿的欣喜，你甚至把课堂的前奏曲也换成了这首曲子。后来，我们参加《论语》百日线上学习，我们一起诵读《论语》，探讨学习收获，你指导我更深层次地去理解《论语》，你真是我的知音！

你耿直的学究风格，有时会把你的研究生说得无地自容，而这个时候，我会假装不知道地和他们交谈、请他们吃饭，为此，你一直夸我是世界上一流的"泥瓦匠"。当我有严肃问题要"弹劾"你的时候，一忍就是半年，因为我不想让你平日驾车途中分神，所以一般都是有话假期谈。我用半年时间备一节课，"教学效果"当然不错。在互相的包容和理解中，我们的心越来越近。

这么多年过去了，我以自己太忙为借口，从来也没有停下脚步去细品一下你的点点滴滴，很是惭愧，我认真写过很多文字，但写给你还是第一次。要说的话很多很多，但此刻，我只想说："遇见你真好！"

爱你的"神"：朱萍

2018年5月

橡树对木棉的告白

（郝立鹏老师，北京市二十二中学）

亲爱的妻：

"蒹葭苍苍，白露为霜。所谓伊人，在水一方。"相逢在大学校园，四年同窗生活，深知彼此为人。那年夏天去水库游玩，我第一次喝酒不知深浅，返校后醉酒回到了教室，你默默地打了一盆水让我洗脸清醒一下。后来，当我提到此事，你总是说记不得了。还有一次集体劳动，结束时大家纷纷离去，是你独自把所有人的劳动工具收拾整齐。后来，辅导员说，谁娶到了这位同学，将是他莫大的福气。

同学之间，总有交往。你话不多，却总是会考虑到他人的感受。还记得在大学的花园，我们共同背书准备期末考试，夏木阴阴，花香阵阵，美好的情愫便在心中生起。但我天性腼腆，这份心思从未坦露。

"野有蔓草，零露漙兮。有美一人，清扬婉兮。"大四那年，你签下了北京远郊的学校，我也被城区的学校录用，你我的命运似乎再次联系到了一起。那天晚上，月华如水，你我共行在主楼前的广场，我终于鼓足勇气向你表白。当你低头默许的那一刻，整个世界仿佛只剩下了我和你。

那是二十年前的冬天，我们一起去看冰雕，一起走在人民大街。东北的漫天飞雪见证了我们甜蜜的爱情。家中还摆放着毕业时你我穿着学士服在校门口的合影，那时的我们还略带稚气，那时的我们还无比年轻。

"桃之夭夭，灼灼其华。之子于归，宜其室家。"我们怀着对未来的无限憧憬来到了北京，每周末要么我去远郊看你，要么你来城里看我，来回四个多小时的车程我们风雨无阻。记得你送我回来时，总是把我送到车上还不忍离去，眼中满是不舍与牵挂。

长安不易，米珠薪桂。我性急，你每每容让。家中琐事，多是你内外打理。记得那年冬天去首师大培训，你担心我带的衣服太薄，还特意为我送来了大衣。二十年来，你是妻子，也是姐姐，你对我的照顾，远远超过我对于你。

"昔我往矣，杨柳依依。今我来思，雨雪霏霏。"能够去偏远地区支教，是我一直以来的一个心愿。三年前，我想报名去援疆，但这一去就是两年，我将留下万里之外孤单的你。当我问你时，你只是轻轻地说了一句："你想去就去吧。"

就这样，为了远方的梦，留下了孤独的你。"世间安得双全法，不负如来不负卿。"在南疆的滚滚狂沙中，我牵挂着你；在和田的漫漫长夜里，我思念着你。新疆瓜果飘香，却都是思念的滋味。

"死生契阔，与子成说。执子之手，与子偕老。"当我援疆归来，发现你平添了许多白发，眼角也慢慢爬上了鱼尾纹。岁月洗尽铅华，你我终将慢慢老去。二十年来，你对我的爱如渊如海，而我，可曾对得起这份深情？

那年夏天，岳父因病辞世。辞世的前几日，他还为要出门的我杀鸡送行。我们的婚礼，他因路远没有参加。他没来过一次北京，这也是你永远的遗憾。你是他唯一的女儿，他却从未像其他父亲那样，对我说出要好好照顾你的话。但我知道，他是多么希望我为你遮风挡雨，佑你一生平安。

要有前世的多少因缘，才能做今世的夫妻。谨以此诗献给二十年的相依相守：

忆昔少年时，相逢在春城。

青山每登临，南湖忆芳踪。

携手赴京华，千里共逐梦。

不惧风和雨，生死与君同。

立鹏

2021 年 12 月 28 日

儿子，因为你，我看到了"仁"的闪耀

（肖利辉老师，湖南省永兴县教师发展中心）

亲爱的儿子：

见信好！

11岁的你已经开始在意自己的形象了。每天上学前会照照镜子、整理整理发型，不禁让我感叹你已经是个大孩子了。你的降临，给我的人生带来了许多快乐，让妈妈又多了一名至亲的陪伴。我还清楚地记得你出生时那黑瘦的样子，真像一个营养不良的"小老头"。这个"小老头"，现在已经长成一位帅小伙啦！

这些年，你的成长和教育，一直是我们最关注的事。虽然我们尽了力，但毕竟也是第一次做父母，现在回想起来，许多教育方法是不恰当或是有欠缺的。随着你进入高年级，我也和大多数妈妈一样，更多地关注起成绩来。你对学习不够上心，五年级以来，你的数学成绩直线下降。与你交流后，你调整了学习状态，上课认真，作业仔细。看到你的努力有了结果，成绩上来了，我反而更加紧张起来，生怕什么时候成绩又会掉下去。

这样的日子一直持续到学校运动会那天。

运动会开幕式那天我去学校为你助威，比赛之余看到你在操场上和同学嬉戏。你路过一个零食包装袋时，弯下腰把垃圾捡起，很自然地放入口袋。这么一个平凡、简单的动作，却让我感到震惊和惭愧。

这几年帮你洗校服的时候，经常在口袋里发现类似的"垃圾"。

你说是捡的，我不但不相信，还很生气，指责你说谎，批评你总吃垃圾食品。不仅如此，我还停止为你的校园卡充值。看着眼前这一幕，想到以往的种种，我醒悟了。以前，我过于关注你的成绩和缺点，却从来没能充分发现你的闪光点。

细细想来，你的优点真不少。你讲文明懂礼貌，看到老师和邻居能主动问好。你温暖孝顺，常常帮我提东西，还总是挑重的。你善良正直，看到流浪汉就会帮助他们。有一次看到同学受到不恰当的惩罚，别人都在起哄，你却为伤了自尊心的同学默默地难过。你宽容大度，被同学推倒滑下楼梯，大腿擦破一块皮，坐立都疼，却还安慰我："没关系妈妈，不是很疼，我同学也不是故意的。"你勇敢担当，年初疫情期间我和爸爸都要外出值勤，是你担负起了照顾不满三岁弟弟的重任。而我却在你没有好好完成作业、房间乱七八糟时，不由分说地对你怒吼。有时我批评你，你想解释，我却不耐烦地打断你。现在想想，我当时有多无礼，你心里就该有多难受吧。

最近妈妈在学习《论语》，其中有一句"吾日三省吾身"。其实，我反思最多的是与你的相处，越反思我越发现，你就如同一面镜子，照出了妈妈身上的很多不足。其实，每次"霸道教育"之后我都很自责，觉得不应该这样对你。事后平静下来，我也会真诚地和你沟通，而你也会笑眯眯地说你知道我是为你好。

妈妈想对你说，儿子，你是最棒的！妈妈从心底为你自豪，不仅仅是因为你取得的成绩，更因为你心中有"仁"，这是世上最闪耀的光芒！

爱你的妈妈

2021 年 1 月 14 日

倾听内心声音

小草的欢歌

（李俊芳老师，河北省南和县第一中学）

写这一封家书，我心里有一种强烈的使命感：这封家书不仅写给我自己，还写给和我一样境况的老师——那些身处普通县城中学的草根老师们。我，我们，就像是山野间的一簇簇小草，沐浴阳光雨露迫切成长的小草。

二十世纪七十年代，一个异常贫寒的家庭里，又多了一个女孩，这是家里的第五个孩子了。那些年，在乡村，一般的家庭是不会让女孩去读书的，但幸运的是，她生长在一个坚信教育可以改变命运的家庭。默默奉献的父亲，坚强担当的母亲，毅然把五个孩子全部送进了学校。

于是，在一个偏远农村小学的教室里，总有一个孤独的身影在昏黄的煤油灯下如饥似渴地读书，她沉浸在书的世界里，浑然忘我。浓浓晨雾中，月明星稀下，大雨滂沱时，那个瘦小的女孩总是坚定地独自走在通往学校的小路上。再后来，她考上了大学，独自走出农村，走出乡镇，走到县城……就这样走着走着，她练就了独行的习惯和敢拼敢闯的勇气。

这个女孩就是我。

大学毕业后，我开始在一个农村中学任教，全校仅有我一个英语老师。在一个"春风不度玉门关"的地方，没有专家引领，没有名师点评，没有同伴研磨，更没有网络提供一些信息和资源……就在这样的条件下，我摸索着开始了自己的教学生涯。虽然条件艰苦，但是内心深处却升腾起一种坚定的信念：我要让我的学生改变学习方法、提高学习效率！就这样，我尝试着改变课堂，因材施教，探索着适合学生的教学方法。

前八年的教学生涯，就是一个在黑暗中摸索的过程。没有教研活动可以参加，没有优质课供以探讨，好在我习惯了独行，所以一直没有放弃。2011年，当我引进全县的第一个课题时，我们都不知道什么是课题，需要怎么进行。我想向别人请教，但周围没人帮得了我，于是我们开始用最慢的方法，组织课题组成员学习相关理论、研磨课例、改进教学方法、积累课后反思。最后结题时，不知道哪些资料有用，就带去了满满一行李箱的课题材料。省厅课题专家破例为120个课题小组中唯一一个按时开展工作的小组结了题，当时，我们全体课题组成员都感慨地流下了眼泪。

一个扎根在乡村的草根教师，就这样在摸索中度过了28年的教学生涯。没有花香，没有树高，我是一颗无人知道的小草……从无到有，从无知到略知，一路行走一路欢歌，我收获着成长，也收获着幸福。

回首往事，这一路走来，要特别感恩那些影响了我生命的重要他人。初二时遇到一位温尔文雅、出口成章的女英语老师，从此让我对英语着了迷，成绩一路遥遥领先，更坚定了自己的志向——做一名优秀的英语老师。大学毕业之际，高中老校长亲自登门，邀请我和他一起创办一所农村中学，那年我们招收了从县中、乡镇落榜的第一届学生，结果竟一下子考出语文、英语全县第一的好成绩；1997年市里来调研听课，因为我的课堂教学方法独特，被当场定为市优质课，当时这一安排让很多人质疑：一个小县城的年轻教师，竟然敢开市级公开课？1998年我被聘为市级兼职教研员，2004年成为全国优秀英语教师，2008年成了小县城走出的省高考质检员，2014年又被评为全国模范教师，在全市引发轰动，2016年特级正高双喜临门，2018年进入教育部"双名工程领航班"……

这就是我——一个来自县城中学的草根教师——所走过的路。在近30年的教学生涯中，我一直无所畏惧地展示着自己的不足，无时无刻不在努力提升自我，就像山野间蓬勃生长的小草，给一丝阳光就灿烂地生长着，努力地生长着。

李俊芳

2018年8月6日

范老师，请牢牢记住学生的那两句批评

（范群老师，浙江省嵊泗县初级中学）

范老师：

你好！

这些年，你获得了很多荣誉，可是你一定不要得意忘形，要时刻记住学生曾给你的两句批评，以此警醒自己、鞭策自己。

记得，2007年调入县初中后，曾经有过一段时间，你有些自满，觉得自己教了这么多年的书，当了这么多年的班主任，教材已经烂熟于心了，各种管理措施也都精通了，不必再精益求精。直到有一天，你去小沈同学家家访，在深入的交流中，你听到了这样一句话："你的课我从来不听！"这句话像一条鞭子一样狠狠地抽在你的心上，令你心痛。你还一直认为自己上课生动有趣，学生听得津津有味，原来那只是表面现象。经过反思和广泛征求学生的意见，你总结了自己在课堂教学上的不足，比如太喜欢自我表现，紧紧握着课堂的主动权不放；课堂的深度不够，提出的问题缺乏思考的价值。这样的课堂低效而肤浅，必须要改革。后来，你利用一切可以学习的机会，阅读了许多专业书籍，认真学习研究优秀教师的课堂教学，从而真正懂得了，所谓"教室"，其实更恰当的说法应该是"学堂"，学生才是课堂的真正主人。从此，你树立了"课比天大"的理念，更加认真细致地备课，喜欢语文课的学生越来越多。

对你触动非常大的第二句批评是"你算什么全国优秀班主任"，

这是班里那个叫小齐的男生在受到你的训斥之后的反驳。是呀，你够得上"全国优秀班主任"这个称号吗？这个荣誉意味着你是班主任队伍中的典范，是一面镜子，不仅要对学生充满爱心，更要了解学生，具有精湛的育人艺术。而你呢，在之前十多年的班主任工作中，只是凭着自己的一腔热情去工作，你的确配不上这个光荣的称号。

后来，你学习到了教育家苏霍姆林斯基的一句话："教师技巧的全部就在于如何去爱学生。"这句话表明教师的爱不是一味地付出，爱的前提是了解学生。于是，你开始了深入的家访。通过走访，你知道了小凯邋遢的外表是因为父母整日不在身边，无人照料；小毓整天恹恹欲睡是缘于轻度抑郁的母亲夜里的喋喋不休；小静的眼里流露着的惊恐是缘于继母的冷淡。而小齐之所以指责你不配当优秀班主任，是因为受到了冤枉。了解之后才能对症下药，因材施爱。

你要一直感谢这两位学生，感谢这两句批评，你要让这两句话常常回响在自己的耳边，成为你一生的鞭策。你要永远感恩你的学生们，教书育人是你的职业，而他们这一份深沉的爱，让你拥有了源源不断的工作动力。

祝愿桃李芬芳！硕果飘香！

范群

2018 年 5 月 18 日

历事练心，变琐碎为诗篇

（王恕老师，北京市房山实验中学）

亲爱的恕：

　　此刻已是夜深人静，你还在思考着。根据北师大《论语》百日线上学习安排，你要写第二封家书了。想写给你远方的父母，想写给你放假在家的儿子，也想写给你9班的学生，最后思来想去，还是决定写给自己。为什么呢？按照王阳明先生的主张，心外无物，心外无理，解铃还须系铃人，一切问题，还是要从心出发，从源头上解决吧。

　　亲爱的恕，看得出来，最近你有点焦虑。临近期末，常常情绪失控，真可谓"破山中贼易，破心中贼难"。这周三就要考试了，可是你突然发现，自己所教的5个班学生竟然还是问什么都直摇头；尤其是你自己带的9班的同学们，考试在即还是一副无所谓态度。你在复习课上认真讲解精心准备的知识点时，他们有的趴桌子，有的没带书，有的嬉皮笑脸说着话……终于，你还是没有忍住，把全班学生大大训斥了一顿。回到办公室的你有些许失落，看得出来，你还是对当时的不冷静有点后悔。这让你想到了《论语·雍也篇》中说"有颜回者好学，不迁怒，不贰过"，又想到了专家在点评你的学习心得时说的话："日常教育生活中每一个琐碎的细节正是学生生命成长中的关键，这个时候，就是考验我们教育素养的时候，我们如果能淡定地接纳这些琐碎，研究这些琐碎，通过我们的言行在琐琐碎碎的校园生活中给予学生生命潜移默化的成长滋养，那么，我们的教育行为将处处彰显君子之风。"看来，你要更加淡定地面对日常的琐碎，去接纳、去研究、去改进，争取把每一天都过成美丽的教育诗篇。

亲爱的恕，看得出来，最近你还有点惭愧。四年级的儿子放假在家，犹如神兽归山。你和妻子工作很忙，白天几乎没有时间照管孩子；岳父岳母两位老人虽然能够照顾孩子的生活，但在他的学习问题上却无能为力。儿子一有时间就玩手机游戏，痴迷其中，而你呢，下班回家对他要么训斥、要么小施惩戒，效果好像也不明显，猫捉老鼠的游戏总在你们之间上演。这让我想到了《论语·为政篇》中所说"道之以政，齐之以刑，民免而无耻；道之以德，齐之以礼，有耻且格"。直到那天，你带着儿子共同诵读《论语·学而篇》得到组内专家老师的鼓励和肯定的时候，事情好像出现了转机。看来，陪孩子诵读经典是个不错的沟通方法。

亲爱的恕，看得出来，随着假期临近，你的思乡病有点加剧了。不过，近期疫情又开始反弹，多点散发，来势汹汹，这意味着春节又不能回老家陪伴自己年迈体弱的父母亲了，也不能和妹妹一家团圆聚会了。这一阵子，你总是半夜从梦中惊醒过来，久久不能入睡。曾子曰："可以托六尺之孤，可以寄百里之命，临大节而不可夺也。"想想寒冬之际奔赴在疫情前线的志愿者、防疫人员等各行各业的负重前行者，这点遗憾也不那么难以忍受了，唯愿疫情早点结束。

亲爱的恕，人到中年，各种压力和挑战扑面而来，各种任务和事件应接不暇，希望你做到王阳明先生提倡的"历事练心"，事情越多，越要调整好心态，"毋意、毋必、毋固、毋我"。每天忙碌之余，静心读读经典，凡事顺其自然，相信一切美好终将到来。

时间太晚了，今天就聊到这里，愿岁月静好，一切平安顺利！

王恕

2021 年 1 月 11 日

经典，与你相见恨晚

（赵承红老师，山东省烟台市经济技术开发区大季家中心小学）

亲爱的你：

　　提起笔来才发觉写这封信是多么有纪念意义——从1989年毕业到现在，你正好度过了三十年的教学生涯。在这"知天命"的年龄，你还在为各种烦恼纠结着、抱怨着、焦虑着……庆幸的是，你能在此时与经典相遇，与一群爱经典的专家团队和学伴相遇，你逐渐发现了内心深处沉积多年的污垢，体察到自己焦虑、抱怨、总觉得不幸福的根源所在。今晚，让我们一起进行一次心灵对话，帮你找回那颗丢失了的"本心"，还原一个真实的你。

　　还记得做了一辈子教育工作的爸爸从小教育你，在人面前要乖巧、有礼貌，大人说话不能反驳、不能插嘴，如此等等。所以你努力表现自己的优秀，也努力让自己变得更优秀，为的是赢得父母及周围人的夸奖。夸你时，你会沾沾自喜，一旦受了批评，你的内心就会无法释怀。以前总觉得这是自己要强的表现，当接触了《论语》，用古圣先贤的话来照镜子，才看清了自己的问题：为赢得别人的赞美而生活，内心没有"知之为知之，不知为不知"的坦然，缺少了"诚于中，形于外"的那颗诚心。

　　还记得你在担任校长的十五年里，为了学校的发展，你不断追求卓越，你被自己的努力感动过，因学校、老师及学生赢得的一次次荣誉而自豪过。但你过分追求完美，你的要求也越来越苛刻，总以咄咄逼人的气势来表现自己的威严。你的眼睛里看到的都是老师们的缺点：在评课时，你总是先把老师的一大摞不足摆出来，似乎只有你自己设计的课才是最完美的；会议上，你滔滔不绝地讲着应该这样做，不应该那样做，常常把年轻老师说得暗地里掉泪；每学期期末学校进行民主测评，当你发现有几个人只给你打了"合格"，你就会心生怒气，抱怨这些人太不公正；你过分看重上级对学校的各项考核指标，希望每个老师都废寝忘食，和你一样加班加点工作。你总是在想办法纠正别人的问题，却从来没有向内体察自己的起心动念，更没有勇气去改正自己的毛病。

通过北师大《论语》百日线上学习，你终于明白，要勇敢面对影响生命成长的习气，不断清扫内心的垃圾，拔出钉子。你下定决心真觉、真醒、真改。

如今的你，每天让心静下来、沉下去，先从学会控制自己的不良情绪开始，不说刻薄的话，不把怨气、怒气带回家，不再挑剔和指责丈夫这也不对、那也不好，也不再为了自己的面子跟家人争个高低上下。当磨掉自己高高在上的傲气，带着感恩心、包容心，和善地和丈夫、孩子交流时，总觉得一辈子都改不了的臭脾气、一点就着的丈夫，竟然和顺了许多，家里也安宁了许多。当带着谦卑心、恭敬心，平等而真诚地和老师、家长促膝而谈，老师开始慢慢敞开心扉说出自己的心里话，不再对你抱有敌意。当你以"责人之心责己，恕己之心恕人"时，周围的一切都悄悄地改变着。当内心的"觉"时时提醒你内省、改过、责善，工作上全力以赴而没有了抱怨和焦虑，心中多了一份坦然与安定。

过去的每一段岁月都是一份宝贵的经历，给过去的自己一个警醒，给当下的自己一些动力，给未来的自己一个美好的展望。感恩半百之年遇上经典，虽然相见恨晚，但一切都来得及！

　　亲爱的，期待遇见最美的你！

爱你的赵承红

2019 年 7 月 25 日

在经典中领悟人生的真谛

（梁英老师，湖南省岳阳市朝阳小学）

亲爱的自己：

还好吗？蓦然回首，已走过好长一段人生路，多少年都未停下匆忙的脚步，这样静静地与自己相伴。

儿子在渐渐长大，一晃已高出你许多。幼时的牙牙学语，儿时的活泼可爱，少年时的个性飞扬，喜怒哀乐全在你眼底，他带给了你太多生命的喜悦。如今，面对正值青春期的儿子，看到他正直、善良、有礼、驰骋球场、青春飞扬，你欣慰！看到他沉迷游戏、忽略学习，你焦虑、失望，有时甚至是痛恨！多少次母子争吵，多少次怒目相对，你似乎是在漩涡中苦苦挣扎。

直至学到《论语》"道之以政，齐之以刑，民免而无耻；道之以德，齐之以礼，有耻且格"时，你开始明白：一味地强硬施压指责，只会让矛盾升级，自己应该放下身段，多去理解沟通，才会温暖儿子的心，进而感化他。你也开始反思自己：身为人师，是否扮演好了母亲的角色？在你繁忙工作之余，年幼的儿子许多次要求你为他讲故事，你却因自己太累而拒绝，你又何曾静下心，放下自己的琐事陪他品读经典？记得当儿子与他人发生矛盾时，你会因他是教师子弟首先批评他，何曾静下心，放下自己习惯性的教导去倾听他的心声呢？"知之为知之，不知为不知，是知也"，此后，你应该放下自己曾经的自以为是，重新学习怎样和儿子做朋友，怎样做一个好妈妈。

老公在渐渐成熟，一晃已从充满激情、阳光洒脱的小伙子变成了沉稳的男人。有一天定睛一看，原来皱纹早已悄悄爬上了他的额头和眼尾，岁月在你们的嬉笑嗔怒中匆匆流逝。回想作为妻子的你，总是埋怨他工作早出晚归，对家人关心太少，却很少体会他工作上的压力。平时看到儿子学习不努力，你还会迁怒于老公的不作为。每当此时，老公都会平心静气地宽慰你说："孔子弟子三千，贤人七十二。孩子的成长最重要的是成人，读书并不是唯一出路，先学会尊重他，再慢慢引导。"

眼下疫情当前，老公作为基层干部，忙于部署安排、值班巡逻，落实确诊、疑似病例所在小区的封锁与生活安排……他一直奋战在第一线，你们已经一个多月未能相见。每天互相问好时，你都会一再强调做好防护，从不轻言劳累的老公居然已经三次对你说："老婆，我好累！"就凭这一句，我已能体会到他的艰辛。但更多的时候他会说："黎明破晓，拐点将至，关键时刻，勇者必胜！这一次共产党员带头，虽累但值！"还真有"一箪食，一瓢饮，在陋巷，人不堪其忧，回也不改其乐"之风。老公，我为你骄傲！待疫情过去，老公回家，你应该对他有更多的包容与接纳。

亲爱的父亲已离开我将近四年，他用自己的人生向你诠释了什么是善良、诚信、坚强与勤俭。想起他，你的心便会变得特别柔软，你最大的遗憾是当父亲健在时，你总是忙着自己的事情，没有好好陪老父亲到处走走。特别是回想起父亲一个人看电视的情景，心里就特别痛！因为怕影响儿子学习，你总让父亲将电视声音调小、再调小，其实父亲原本就耳背，需戴助听器，导致他后来不敢打开电视声音，每天看的都是哑巴电视，现在想想，这于老人是怎样的一种孤独。子曰:"色难。有事,弟子服其劳;有酒食,先生馔。曾是以为孝乎?"这是对你直击心灵的拷问。看着母亲瘦弱的身子,走路蹒跚的样子,你深恐岁月流逝太快。希望亲爱的母亲健康长寿,看着她露出恬淡的笑容,是最大的幸福。

回首过往的人生,有积极进取的时刻,也有怨天尤人、悲观失望的时刻……自从走进"京师好老师生命成长营",突然发现了自己的浮躁,在学习经典的同时,居然让自己平添了一份力量,多了一份从容。因为在学习中,你更好地领悟到了为人子、为人妻、为人母、为人师的真谛,明白了该怎样去爱他们和爱自己。

生命有限,学无止境!"路漫漫其修远兮,吾将上下而求索。"努力追寻圣贤的步伐吧,在不断地自我觉醒中追求圆满的自己,修己达人。加油!

梁英

2020年3月4日

向内观照，向前奔跑

（王志慧老师，河北省张家口市教育局）

亲爱的自己：

　　还记得那个安静温情的夜晚吗？伴着舒缓的旋律和康乃馨的清香，你洋洋洒洒给自己写了三页家书。那是在不惑之年，你参加北师大主办的"京师好老师生命成长营"期间，赠予自己的最好的礼物。短短几天的培训，一直困于心中那些难言的"惑"终于找到了一个出口。在国学大家辛意云先生和众多前辈的声声教诲中，你寻到了一丝光亮。

　　于是，会后你继续报名参加了北师大《论语》百日线上学习。每天清晨，你都是听着老师的诵读和辛意云先生的讲解，开始一天的生活的。今天是学习的第60天，轮到你写家书了，你决定把它写给那个有所觉醒、仍在努力改变的你。

　　你发现自己真的在一点点改变。

　　你变得平和了。之前的你是一个完美主义者，工作要干到尽善尽美才行，如果没达到你的要求，就会心生怨怼，甚至迁怒于家人。而这完美的追求也让你越来越焦虑，一度迷茫得找不到方向，觉得怎么会遇到那么多不顺心的事。当学习到"不迁怒，不贰过"时，你才醒悟，从前自己的心是那样脆弱无力，也才明白，只有向内观照、反求诸己，在心上下功夫，才是解决所有问题的根源。

　　你变得更孝顺了。一直以来，你在别人眼里是一个孝顺的女儿，可只有你自己知道内心真实的想法。你嫌弃过妈妈的唠叨，也气恼婆婆偏袒儿子，遇到和老人意见不一致时，你会在心里生出很多埋怨，这种表里不一的状态一度让你很苦恼。现在你知道了"孝弟也者，其为仁之本与"，于是，你开始耐心地听妈妈说话，回复她发给你的每一条微信，因为你知道她的唠叨里全是对你的爱！

你变得更体贴了。先生在北京工作，周末才能回家，从学习开始，你每天早晨会在微信里向先生问早安，也会把日常照片传给他，让他了解家里的情况。虽相隔百里，但你们的心连接得越来越紧密。偶尔有矛盾时，你不再是曾经那个任性的女子，你会主动和他沟通，每次交流都让你觉得你俩的感情在递增。作为一个妻子，你的改变让家更温馨、更浪漫。

你也变得更慈爱了。以前你总是拿家长的权威去控制打压孩子，儿子变得逆反了，你焦虑地到处"寻医问药"。通过学习经典，你意识到原来是你自己出了问题！过去，你总是习惯于把自己的想法强加给孩子。现在，你的学习状态不知不觉影响了孩子，他也开始沉浸在书籍中流连忘返，整个人变得积极了。渐渐地，孩子也更愿意和你亲近，当每天晚上睡觉前儿子说"老妈，晚安，爱你"时，你都觉得好幸福！

随着学习的加深，你人生的方向也更明确了。还记得在培训中，你郑重地在立志卡上写下："尽己所能，以身示范，在经典学习促进师德师风建设中做出贡献，做礼敬中华优秀传统文化的实践者和传播者。苟日新，日日新，又日新！"作为负责全市师德师风建设的教育工作者，你有一种拨云见日般的感觉，明白了道之根本在于心，明确了只有文质彬彬的仁爱之师，才能培养出有责任、有担当、有使命感的谦谦君子。你要在教师队伍建设中，将经典学习尽快开展起来，并深入持久地开展下去，影响更多同仁同行。

夜已渐深，不知不觉和你聊了这么久。一想到仅剩40天《论语》百日线上学习就要结束，刹那间竟涌起很多不舍。不过，你深知百日学习结束之时，才是真正修行的开始。你将铭记：己欲立而立人，己欲达而达人。未来时光，继续向着"志于道，据于德，依于仁，游于艺"的成长目标，秉承"不撒谎、不抱怨、尽己责"的原则，在追寻仁者的大道上砥砺前行！

遇到那个更好的自己吧，为你加油！

爱你的王志慧

2019年3月10日夜

点亮心灯，从容前行

（闫文钰老师，河南省方城县教师进修学校）

亲爱的文钰：

流年似水，你一直步履匆匆地奔波在人生道路上，没有沉静下来看看自己的内心。今天，幸遇《论语》百日线上学习的"家书时刻"，终于让你有了一个观照自己的契机。

在外人眼里，你是一个幸福的人，你所在的进修学校工作稳定，也没有升学压力，爱人在事业上屡有进步，孩子也阳光上进，似乎没有什么可忧心的地方。殊不知，外人看到的只是你的表面，个中滋味只有自己知晓。最近几年，你过得很辛苦，这种辛苦不是来自物质的不足，而是来自内心的苦闷和忧伤。

为了寻求内心的安宁，你开始接触心理学。最初，你只是把心理学用在工作上，随着生活中一些苦恼出现，你开始尝试用心理学解决自己的问题，但由于所学不精深，对问题的解决一直处在浅层的状态，有所缓释却没有真正解决，没有达到自己想要的效果。在工作中，还有一个问题一直深藏在你的心中，那就是师德专题培训课程研发。大约十年前，你在教师培训工作中开始关注师德，师德在你心中那么圣洁，你想把她做成一个触动学员心灵的讲座，可你一直没有找到合适的途径和方法。在北师大"京师好老师生命成长营"，你惊喜地发现了苦苦追寻的方向，那就是用中华优秀传统文化去唤醒教师的心灵，因为你懂得了"今日中国的教育变革，若无教师的自觉变化不可能真正完成"。从此，如何唤醒自己和学员，成为了你努力的方向。

更重要的是，通过跟随北师大老师们学习传统文化，你的内心豁然开朗，感觉找到了解决自己困境的最佳途径，像一个在黑暗中苦苦摸索的跋涉者，突然看到了远方明亮的灯塔，找到了前行的方向。通过学习，你知道了，原来以前的自己一直活在老师所说的"梦中"状态，没有达到"学而时习之"的"觉"。自此，你终于明白以前的种种问题皆在于向外看，而缺少向内观照，只知道别人的问题在哪里，却不知道自己的问题在哪里。当你明白了这一点，你就找到了解决问题的方法，也终于理解了心理学上的一个观点"呈现即解决"，以及老师所说的"回头即如意"是什么意思。

在学习过程中，几多感慨，几多泪流，更多的是内心的喜悦和释然。感觉以前惶惑的内心有了坚强的力量，明确了自己在工作和生活中的定位，找到了应有的生命状态。有希望，但不奢望，不自卑消极，也不过分乐观，从容淡定地享受生命本真的喜悦。

你知道，你虽然离高度生命自觉的君子境界还有很远的距离，但你坚信"我欲仁，斯仁至矣"！你会以一颗真诚之心、庄严之心，坚持学习，坚持成长。苟日新，日日新，又日新，品读经典，做好老师，迎接生命的"从心开始"！

爱你的文钰

2020 年 2 月 1 日

从《论语》中汲取生命拔节的力量

（张久霞老师，北京市昌平区教师进修学校）

久霞：

你好！夜深人静，当坐在电脑前撰写家书时，你选择了写给自己。因为于你而言，在你职业生涯经历变化时，是《论语》给予你生命拔节的力量！

2019年9月9日，你像往常一样，检查完学生作业后去参加干部例会。就在会议快结束时，校长接了个电话，回来说："我先公布个事。由于进修学校人员紧缺，教委急调我校张久霞主任到教科室工作，明天报到……"

这个消息无异于小型导弹，炸响在会议室，更炸响在你的心上。你还没来得及整理好思绪和心情，校长便让你说几句话。

说什么呢？说舍不得学校？那是真的舍不得。毕业至今22年，从青涩稚嫩的新人到逐渐成熟的市骨干教师、科研主任，你的青葱岁月都留在了流村中学。说不愿走？肯定是真不愿意。眼看着又一届学生从懵懂无知到意气风发！眼看着年轻的徒弟日渐成熟！那么多事开了头，准备大干一场呢！你怎么舍得走？

面对突如其来的变化，我觉得你需要点儿力量，于是回想《论语》中学过的篇章。你想起了"君子坦荡荡，小人长戚戚"。孔子认为，君子心胸开阔，神定气安；小人斤斤计较，患得患失。你又想起了"君子喻于义，小人喻于利"，君子看重的是道义，小人看重的是利益。说到底，你的不舍不愿，更多是从小我出发考虑问题！你的不舍不愿还是考虑了更多利益！这样想着，你的心释然了，暂时放下所有的怨念。虽有不舍，但这一刻，也算是生命中的又一次成长吧！

2019年9月10日，是你教师生涯的第23个教师节，也是一个特别值得纪念的日子，它标志着你职业生涯的转变。当你坐在进修学校的办公室，着手处理刚刚接管的工作，楼道里安静得很，没有了铃声，没有了学生的祝福，没有了追着询问的年轻教师，流村中学不断闪烁的微信群告诉你，你已离开教学一线，成为一名没有学生的教师，就如同不能上战场的战士。忽然就觉得有点儿无所适从，那颗心忽而又有些无处安放。此刻的你仍然需要力量。不禁又想起了《论语》中的"古之学者为己，今之学者为人"。是的，在工作和生活中，有很多事是不由己的，但那颗心，却是自己的。"为仁由己，而由人乎哉"，你暗下决心：一切归零，从新人做起，让这种安静化为新的力量。

接下来的日子，一切从头学起，每天的事务琐碎而繁杂，华灯初上才踏上回家的路，心中却没有原来那种满满的成就感，不免升腾起一丝丝怨念。坐在公交车上，看着熙来攘往的人流车流，忽而就想起了那句"君子不器"。君子不应像器皿一样只有一种用途。在进行个人品性修养时，必须广泛涉猎知识，培养才能，以宽广的胸襟看待万事万物。我们学《论语》，就是为了更好地用《论语》，让它思想的光辉时时映照我们的内心，不断反省，不断拔钉子去习气！什么主任、骨干、主管，一切都是过去，新人就要从头开始。换个角度思考，身心顿时轻松了不少。接下来，卸下沉重的思想包袱，你虚心请教，不推托，不计较，尽最大努力做好本职工作。

内心安定了，做起事情来就有了拼劲！十月份，科里安排你给骨干教师做培训，你查阅了大量资料，熬了好几个通宵，终于形成一份既有理论又有实战的培训稿，得到参训老师和各位领导的一致好评。随后科里又安排你担任基层学校市级课题的指导专家，工作之余，你查阅相关论文100多篇，了解相关学科知识，得到了领导的肯定，更得到课题组老师的认可。接下来，与北师大合作培训项目，为期一年时间，由你来担任班主任。担子慢慢压上来了，你却前所未有的镇定，没有了惶恐，没有了不安，有的是有条不紊的耐心和细致。而你知道，这一切，都得益于《论语》的启迪，是经典让你坚守了自己的初心，让你拥有了遇事心不乱的从容，有了宠辱不惊去留无意的达观与淡定。

致敬经典，致敬《论语》吧！愿你在今后的人生路上再接再厉，从经典中汲取更多力量，让生命展现出更加绚烂的光辉！

你的影子

2019年11月7日

点亮经典之灯，照亮成长之路

（曾爽老师，北京市顺义区牛栏山一中）

执教七个年头的自己：

这是一封迟到的家书。感谢这封信让我有机会静下心来梳理来时路，我想回望的意义一定是为了更好地思考未来。在《论语》百日线上学习活动中，我们每次提交作业，都会在"尽己责"方面给自己打分，最近几次作业的提交时间都比较晚，让我很是惭愧，我感到自己生命成长之路的任重道远。

还记得几年前，我第一次讲授《论语》，是为了做一次研究课。那时我还没有系统地读过《论语》，但为了课程的需要，将孔子谈"为政"、谈"仁"的语句做了梳理，大量的"原典"被摘录下来，满满地印在学案上。那一次研究课反馈很好，我因此也得了几张证书。有一段时间，我"洋洋以为自得矣"，觉得讲《论语》，给学生一把钥匙就好，只要讲好核心概念，具体语句理解起来就不是问题。殊不知，我那时是把《论语》当成学问来读，这样讲出来的《论语》之于学生并没有什么真实的受用。

后来，很荣幸地，我有机会和自己学校的校长合开选修课，我承担的专题是《孔子和他的弟子们》，从四科十哲讲起，带着学生们读《史记》中的《仲尼弟子列传》，将《论语》中与各弟子相关的语句挑出来，学生们很喜欢这种方式的学习，他们看到了更为真实的孔门弟子的样子，学生们还用现代的语言方式来评价孔门弟子，称颜渊是"三好学生"，子路是"憨萌的监察员"，宰我是"调皮懒惰的聪明学生"……但这种尝试，现在回想起来，也只是给《论语》的学习增加了一些轻松活泼的气氛，似乎是让《论语》更接地气了。

2019年，我开始参加北师大的培训学习，每日里听国学大家辛意云先生讲《论语》，特别记得辛先生讲《学而》篇的第一章"学而时习之"时，先生说"学"应当作"觉"讲，这句话真是让我醍醐灌顶！我们到底应该怎样读《论语》？是先要做到"生命在场"啊！唯有产生开展自我生命的主观意愿，自我的生命真正开始觉醒，才是真正开始学习《论语》。学《论语》，不能仅仅去分析、研究，《论语》对于我们现代人的意义，在于指点人生。"天不生仲尼，万古长如夜"，今天看来，夫子照亮的，是千秋万代华夏子孙的心灵世界！"以圣人为镜，切己体察"，《论语》的学习，就要在觉中省，在省中做，一次次地获得生命前行的力量，一点点地接近生命的圆满，这也是我们每个人对待《论语》应有的态度。

今年，我要带着新一届的学生共读《论语》。如何不让学生成为"局外人"，不是去研究、审视、评价经典，而是怀着一颗敬畏之心与《论语》对话，带着一颗真诚之心来践行经典，成了我在课堂教学中不断思考的问题。今天我的课堂，没有了那么多新巧的设计，变得更加真实、更加平等。我不是仅仅站在讲台上，而是行走在同学中间。我理解我要做的，应该就是"学为人师，行为世范"，我要成为那个在精神上不断成长的人，让孩子们看到一个人哪怕置身于现实的忙碌与纷乱，也能活出理想和境界。我也希望我的学生哪怕此刻不能明白，但他能有一些朦胧的向往和追求，他会在心中给《论语》留下一个位置，这样在他未来的人生遇到困惑、经历考验之时，他就拥有一本心灵之书，可以拿来读一读。我相信这本书终将会给他以安慰和支撑，为他指明前行的方向。

昨晚，我的学生给我发来一条微信，她兴奋地对我说："老师，我看了朱熹的《四书集注》，我对这章又有了新的体会！"看来，《论语》真的已经悄悄地走进了孩子们的心里。

最近，我也在频繁地翻阅这本书，针对某一章，也会长久地陷入思考。原来，生命拔节生长的声音如此动听！

我对自己说，愿我心中经典之灯长明，也愿我作为师者能通过自己的不断努力，点亮学生心中的那一盏盏经典之灯。我相信，只要有灯盏照亮，生命便不会陷入黑暗，人生便会拥有更多温暖的希冀。

曾爽

2019 年 11 月 17 日